광둥 견직업의 어제와 오늘

이 저서는 2020년 대한민국 교육부와 한국연구재단의 지원을 받아 수행된 연구임
(NRF-2020S1A6A3A01054082).
This work was supported by the Ministry of Education of the Republic of Korea and the National
Research Foundation of Korea (NRF-2020S1A6A3A01054082).

古
錦
今
絲

광둥 견직업의
어제와 오늘

리우용리엔(劉永連) 지음

김병모·김장구·김현선·남민구·임경준·최소영 옮김

경인문화사

발간사

한국의 동유라시아 물품학(物品學) 정립을 목표로

동국대학교 문화학술원은 "동유라시아 세계 물품의 문명·문화사"라는 연구 아젠다로 한국연구재단의 인문한국플러스(HK+)사업에 선정되어 2020년부터 연구 프로젝트를 수행하고 있다. 기존의 인간 중심의 연구에서 벗어나 물품이 중심이 되는 연구를 통해 물품이 인간 사회를 둘러싸고 생산, 유통, 소비되는 과정을 총체적으로 분석함으로써 한반도를 넘어 동유라시아 지역세계의 물품학을 학술적으로 정립하는 것이 목표이다.

본 사업단은 동유라시아의 지역 범위를 한국을 중심으로 놓고 동위도 선상에 있는 중국, 일본, 그리고 북으로는 몽골, 러시아의 우랄산맥 이동지역과 몽골을, 서로는 중앙아시아 및 우즈베키스탄, 카자흐스탄, 키르기스스탄 지역, 남으로는 인도 이동지역인 태국, 캄보디아, 베트남, 인도네시아, 필리핀 등지를 설정하였다.

『총·균·쇠』(원제: GUNS, GERMS, and STEEL-The Fates of Human Societies)의 저자로 퓰리처상을 수상한 세계적 석학 제레드 다이아몬드(Jared Mason Diamond)는 동유라시아를 포함한 유라시아 대륙은 기후·식생(植生, 식물의 생육상태) 등의 유사한 생태환경을 가진 위도가 같은 지대가 동서로 길게 퍼져 있어, 이 지대(地帶)에 속한 각 지역은 생태환경이 유사하고, 식물·기술·지식·문화의 이전 및 적용이 용이하여, 그 결과 동서교통·교류가 촉진되었다고 분석하였다. 나아가 세계사에 관심을 가진 사람들은 동아시아 및 태평양 일대의 인류 사회를 통해 배울 점이 많은데 그것은 환경이 역사를 형성했던 수많은 사례들을 발견할 수 있기 때문이라고 명언하였다.

이러한 특별한 특성을 지닌 공간에 살았던 사람들의 물품 생산과 유통, 소비 과정을 통해 이 지역만의 Locality는 무엇이며, 그것이 글로벌 세계와 어떠한 연관성을 가지고 있는지를 밝혀내려는 시도에서 물품에 착안하였다. 인간이 살아가는데 있어 필수불가결한 물품은 한 민족이나 국가에서 생산되어 소비되기도 하지만, 주변 지역으로 전파되어 새로운 문화를 창출하기도 한다. 이런 점에서 인류의 역사를 추동해 온 원동력이 바로 물품에 대한 욕구였다고 해도 과언이 아니다.

본 사업단은 오랜 세월에 걸쳐 인류가 발명하고 생산한 다양한 수 많은 물품을 지역별, 용도별로 구분하여 연구를 진행한다. 지역별 분류는 네 범위로 설정하였다. 첫째, 동유라시아 전 지역에 걸쳐 소비된 물품이다. 동유라시아 지역을 넘어 다른 문명세계에 전파된 물품의 대표적인 것이 초피, 견직물, 담배, 조총 그리고 16세기 이후 바다의 시대가 펼쳐지면서 사람들의 욕구를 배가시킨 후추, 육두구, 정향 등의 향신료이다. 한국의 인삼, 중국의 견직물, 일본의 은, 동남아시아의 향신료는 유럽이나 아메리카를 이어주는 물품이었던 것이다. 동유라시아 지역에서 생산된 물품의 교역은 최종적으로 유럽 등을 포함한 이른바 '세계경제' 형성에 연결되었다. 둘째, 첫 번째 지역보다는 범위가 제한된 동아시아 지역에서 사용된 물품이다. 소목, 청심환, 수우각, 화문석 등을 들 수 있다. 한국(당시는 조선)에서 생산된 호피, 표피는 중국에 진상된 것을 시작으로 일본 막부와 류큐 왕조에 증여, 나아가 일본을 통해 캄보디아까지 전파되었다. 셋째, 양국 간에 조공이나 증여 목적으로 사용된 물품이다. 저포 등이다. 넷째, 한 국가에서 생산되었지만 그 사회에 국한되어 커다란 영향을 끼친 물품이다. 이처럼 동유라시아 각 지역의 역사는 서로 영향을 끼치면서 전개되었다.

다음으로 생각해야 될 점은 물품 그 자체가 지닌 속성이다. 물품 자체가 지닌 고유한 특질을 넘어 물품이 지닌 다양한 속성이다. 다시 말하자면 상품으로서의 경제적 가치를 지닌 것에 그치는 것이 아니라 정치적, 군사적, 의학적, 문화적 측면에서 다양한 용도로도 쓰였다는 것이다. 그것은 정치적으로는 조공품일 수도, 증여품일 수도, 사여품일 수도 있다. 해산물인 해삼·전복은 기본적으로는 음식재료이지만 동아시아에서는 화폐기능과 광택제로서, 후추·육두구 등 향신료는 16세기 이후 유럽 세계에 의약품으로서의 효능은 물론 음식을 상하지 않게 하는 성질을 가진 용도로 소비되었다.

이처럼 지리적·기후적 환경 차이가 불러일으킨 동유라시아 세계 사람들이 만들어낸 물품은 다른 지역, 더 나아가 다른 문명 세계에 속한 사람들에게 크든 작든 영향을 끼쳐 그 사회의 문화를 변용시키기도 하였다. 다시 말하자면 기후, 생산 자원, 기술, 정치체제 등의 여러 환경 차이에 의해 생산되는 물품의 경우 그 자체로도 차이가 나타났고, 인간 삶의 차이도 유발시켰다.

인류의 문화적 특징들은 세계의 각 지역에 따라 크고 다르게 나타난다. 문화적 차이의 일부는 분명히 환경적 차이의 산물이기도 하다. 그러나 각 지역에서 환경과 무관하게 작용한 문화적 요인들의 의의를 확인해 보는 것도 중요한 일이다. 이러한 관점 하에서 본 총서가 기획, 간행되었다.

동유라시아의 대륙과 해역에서 생산된 물품이 지닌 다양한 속성을 면밀하게 들여다보는 것은 한국을 넘어선 동유라시아 지역의 문명·문화사의 특질을 밝혀내는 중요한 작업이다. 서로 다른 지역과 국가에서 지속적이고 직접적인 접촉을 통해 서로가 갖고 있는 문화에 다양한 변화를 일으켰을 것이다.

　본 총서의 간행은 사업단의 아젠다 "동유라시아 세계 물품의 문명·문화사"를 다각적인 측면에서 접근, 분석하여 '한국의 동유라시아 물품학'을 정립하는 작업의 첫걸음이기도 하다. 달리 표현하자면 새로운 인문학의 모색과 창출, 나아가 미래 통일 한국이 동유라시아의 각 지역과 국가 간 상호교류, 경쟁, 공생하는 역동적인 모습을 새로이 정립하고 창조하기 위한 첫 작업이라 할 수 있다. 다만 동유라시아의 물품이라는 주제는 공간적으로는 규모가 넓고 크며 시간적으로는 장시간을 요하는 소재들이라는 점에 유의할 필요가 있다. 본 사업의 궁극적인 목표는 중국의 돈황학(敦煌學), 휘주학(徽州學), 일본의 영파학(寧波學)에 뒤지지 않는 세계에 자랑할 수 있는 학문적 성과를 거두는 것이자, 한국이 미래 북방과 남방으로 뻗어나갈 때 인문학적 지침서 역할을 하는 것이다.

2022년 12월
동국대학교 문화학술원장
인문한국플러스(HK+)사업단장
서인범

한국어판 저자 서문

　　인류 문명이 발전함에 따라 사람들 사이의 교류와 관계가 점차 지역과 대륙을 넘어 구대륙과 신대륙 사이로까지 펼쳐졌습니다. 점과 점이 이어져 선이 되고 선과 선이 이어져 네트워크가 이뤄집니다. 저는 이러한 네트워크가 무역권을 형성한다고 이해하고 있습니다. 선학들의 연구 성과에 따른다면, 실크로드는 그 성격상 하나의 무역권이라 할 수 있습니다. 광둥은 중국의 남부 연해에 위치하여 줄곧 대외 교류의 최전선에 있었고, 광저우 항은 세계 최대의 무역권인 해상 실크로드 동방의 중추적인 지위를 차지해왔습니다. 중국문명의 상징이랄 수 있는 견직업이 광둥 지역에서 사람들의 주목을 끄는 역사적 지위를 획득할 수 있었던 까닭입니다. 본서에서 서술한 내용의 가치와 의의는 여기에 있습니다.

　　광둥성은 지역 문화 발굴을 위한 전략으로 21세기 해상 실크로드 건설 프로젝트를 정력적으로 추진하고 있습니다. 2014년 광둥문사관(廣東文史館)은 『해상 실크로드 연구총서』의 제2편인 「성좌편(星座編)」을 기획했습니다. 해당 프로젝트의 주편인 황웨이쫑(黃偉宗) 선생(중산대학 교수)은 제가 오랫동안 육상·해상 실크로드의 교통과 문화 교류에 관하여 연구해왔다는 점을 평가하여 제게 시리즈 중 한 권의 집필을 의뢰하셨습니다. 이것이 본서가 출판된 배경입니다.

지구화가 진전되고 있는 오늘날의 세계에서 문명과 국가, 민족을 불문하고 타자와 떨어져서 살아가는 것은 불가능합니다. 인류는 서로 교류하고 함께 성장하는 관계이지 않으면 안 됩니다. 그렇게 함으로써 인류는 더욱 발전하고 더욱더 나은 내일을 성취할 수 있습니다. 중국과 한국은 매우 가까운 거리에 있어 지난 2,000여 년간 함께 발전해왔고 경제 분야에서 문화 분야에 이르기까지 긴밀한 협력관계를 맺고 있는 모범적인 우호관계라 할 수 있습니다. 영광스럽게도 동국대학교 문화학술원 원장이자 HK+사업단 단장인 서인범 교수의 호의를 얻어 2021년 말에 제가 재직하고 있는 지난대학(暨南大學) 중외관계연구소는 동국대 문화학술원과 MOU 협정을 체결하였고, 이후 다방면에 걸친 학술적 협력을 추진해왔습니다. 금번 서인범 교수의 제안으로 본서를 한국어로 번역하여 출판하게 된 것은 제게 의심할 바 없이 경사스러운 일입니다. 두 기관 간에 이루어진 학술 교류와 협력의 성과일 뿐만 아니라 제게는 연구상의 동료와 교류할 수 있는 좋은 기회였습니다. 이 자리를 빌려 번역본을 출간할 기회를 주신 서인범 교수와 한국어 번역에 진력해주신 최소영, 김병모, 김장구, 김현선, 남민구, 임경준 선생님께 각별한 사의를 표합니다.

이 자리를 통해 본서를 중국어로 출판하게 된 경위를 소개하고 아울러 본서의 한계에 관해서도 말씀드리고 싶습니다. 제 전공은 중국의 대외관계사인데, 특히 견직물 문화에 초점을 맞추어 연구를 진행해왔습니다. 박사과정 중이던 2001년에 『광동성지(廣東省志)·사주지(絲綢志)』 편찬에 참여하면서 역사문화와 관련된 부분을 집필했습니다. 이후 다양한 사료에 구사하여 학술적 각도에서 광둥산 견직물의 무역사를 검토한 박사학위논문 『근대 광동 대외 비단 무역 연구(近代廣東對外絹絲貿易研究)』(중화서국, 2006)를 2003년에 제출했습니다. 이후 오랫동안 육상·해상 실크로드를 주로 연구하면서 비단의 전파 문제를 다룬 여러 논문과 저작을 간행했습니다. 애초 『고금금사(古錦今絲)』를 집필할 때 지는 40만 자 정도의 분량을 계획하고 광둥 견직업의 발전 과정에 관한 상세한 역사 서적을 출판할 생각이었습니다. 그러나 본 총서는 일반 독자를 대상으로 하므로 분량을 15

만 자 이내로 엄격하게 제한했던 데다 원고의 제출 기한도 매우 촉박했던 탓에 곳곳에 조악한 서술이 없지 않습니다. 제가 이제껏 발표해왔던 학술 성과를 재확인하는 동시에 광둥 사주집단 판공실(廣東絲綢集團辦公室)의 시에루자오(謝汝校) 선생의 요청을 받아 『현대 광둥 견직업의 진흥과 발전 전망(當代廣東絲綢業的振興與發展前瞻)』 제10장을 저술했습니다. 아울러 장리위안(張莉媛) 씨를 비롯한 3명의 대학원생은 문헌 정리와 집필에 참여했습니다. 이런 연유로 본서는 저만의 성과라 할 수는 없습니다.

　　지난 20년간 학계의 연구 성과가 증가함에 따라 제 연구 영역도 확장되었습니다. 그러나 연구의 중점은 늘 중국의 대외경제사와 문화교류사에 놓여 있었습니다. 예전에 서역의 오아시스와 초원 실크로드에 관해서도 검토한 바가 있습니다만, 이후에는 동아시아의 해상 실크로드와 육상·해상의 상호작용에 주목해왔습니다. 비단과 관련된 연구는 아직도 진행 중이며 고려 인삼이나 '대명홍(大明紅)'에 관해서도 다룬 적이 있습니다. 무역만이 아니라 이민과 표류민과 같이 지역 간의 문화 교류를 보여주는 사례에 관해서도 검토했습니다. 경제·문화 교류는 지속해서 누적되므로 경제와 문화적 관계는 정치적 관계보다도 규율적이며 오늘날 국가와 민족 간의 우호관계를 높이는 데에도 긍정적으로 작용합니다. 저는 이 작은 책의 한국어판 출판이 중국과 한국 연구자 간의 교류가 깊어지는 계기가 되기를 간절히 기원합니다. 일찍이 우리 조상들이 필담을 통하여 대화를 나누었듯이 저는 중국과 한국 사이에도 가치와 의미가 있는 공통된 관심거리가 많을 것이라 확신하고 있습니다.

2022년 10월 15일 광저우 지난대학 남호원(南湖苑)에서

리우융리엔

머리말

　높고 웅장한 오령(五嶺)과 광활한 남해(南海)[01]는 뛰어난 지세를 통해 훌륭한 인물을 무수히 배출하며 영남(嶺南) 지역을 수호해왔다. 바다와 육지가 안팎으로 맞닿은 이곳은 남쪽의 광활한 해역을 향해 형성된 중국 최대 창구로서 대륙과 해양 문명이 서로 충돌하고 융합하는 핵심 지대로서의 역할을 충실히 수행해왔다. 그 때문에 중화 민족과 수많은 이민족이 수천 년간 서로 융합하며 형성해온 지혜의 결정체가 이곳에 축적되었으며, 동시에 다양한 특질을 내포한 기이한 인문 지평을 폭넓게 형성했다. 금륜회관(錦綸會館) 및 관련 문화유적은 그 속에서 무한한 빛을 뿜어내는 큰 별이다.

　금륜회관은 광저우(廣州) 지역에서 지금까지 온전하게 보존된 동업회관 건축물 가운데 하나이다. 광저우는 영남 지역 문화 핵심이자 중국 대외무역의 중심지로서 4개의 커다란 동업회관을 조성했다. 다만 역사의 부침에 따라 이원(梨園), 종표(鐘表), 팔화(八和) 등 3개 회관은 이미 사라진 지 오래되었고, 유일하게 금륜회관만 남아 시적인 정취를 드러내고 있다. 금륜회관이 이렇게 찬란한 빛을 발하는 이유는 그 자체에 영남과 중외 문화의 다양한 정화가 응축되어 있기 때문이다.

　우선 금륜회관은 광둥을 포함하여 중국 견직업 발전사에서 하나의

01　(역자주) 중국어에서 '남해(南海)'란, 좁은 의미로는 '남중국해(南中國海, Southern China Sea)'를 의미하지만, 넓은 의미로는 중국 및 동남아 일대까지 포괄하는 범위이다. 여기서는 광의의 남해로 사용할 때는 '남해'라고 표기하였다. 한편 광저우부의 속현(屬縣) 중 하나인 '남해현(南海縣)'이라는 의미로 사용될 때에는 '난하이'라고 표기하였다.

이정표와 같은 존재이다. 즉 비단 생산 업계에 대한 관리를 총괄했던 금륜 회관은 광둥 견직업 발전사의 중요 산물의 하나이자 광둥 견직업의 수준 높은 발전 및 번영을 촉진한 하나의 징표인 것이다. 이와 동시에 광둥 견직업은 중국 비단 문화 발달사에서 독보적 위상을 형성했다. 광둥 지역은 독특한 자연환경과 사회적 조건 덕분에 거의 1년 내내 잠상(蠶桑), 즉 뽕잎 따기와 누에치기가 가능했으며, 이로 인해 생사(生絲)의 대량 생산을 가능 케 했고 비단 방직의 기초 역시 두텁게 마련할 수 있었다. 즉 광둥의 비단 제품은 가볍고 얇고 시원한 특징을 갖추었고, 광사(廣紗) 및 광단(廣緞)은 세계에 이름을 날렸다.

다음으로 광둥 견직업은 유구한 역사와 더불어 견직업 발전에 커다 란 영향력을 발휘했다. 영남의 독특한 지리 및 사회 환경에 기초한 광둥 비단 생산은 처음부터 대외 판매를 주요 목표로 했다. 다만 광둥의 생사가 발전하기 이전에는 수천 리 떨어진 장쑤성(江蘇省)과 저장성(浙江省) 일대 에서 생사를 구입했으며, 특히 질 좋은 호사(湖絲, 저장성 후저우(湖州)의 생사)와 영사(寧絲, 장쑤성 난징(南京)의 생사)에 많은 관심을 기울였다. 그 리고 명청 이래 광둥에서는 '벼를 뽑아내고 뽕나무를 심는(廢稻樹桑)' 열 풍이 몇 차례 있었는데, 독특한 상기어당(桑基魚塘)의 재배 방식은 견고한 생사 생산의 토대를 마련하였다. 이를 통해 광둥의 비단은 전 세계로 대량 수출되었고, 생사 역시 유럽과 미국의 광대한 시장을 신속하게 개척, 점유 했다.

그다음으로 금륜회관이 과거 점진적 변화를 거치며 형성해온 견직업 의 토대 위에서 이룬 도약은 광둥 지역 내지 중국 견직업의 근대화 과정을 여는 전주곡이라고 할 수 있다. 금륜회관은 치밀한 관리 제도를 통해 중국 전통의 길드 제도 발전을 선도했다. 특히 근대 전기에 금륜회관은 광둥 지역의 비단 생산, 경제 발전, 심지어 반침략 투쟁에서 두드러진 지도적 역할을 했다. 동시에 광둥이라는 독특한 지역에 위치함으로써 광둥 견직업은 근대화 풍조를 선도하면서 가장 먼저 제사업(製絲業)의 기계 생산을 출현시켰고, 비단 수출 역시 중국 무역 제도의 근대화 발전 과정을 선도했다.

요컨대, 금륜회관은 광둥 비단 문화의 표지이자 창구로서 광둥 비단의 천년에 걸친 문화 발전의 긴 역사를 깊이 살피게 하고, 중국 비단 문화가 해외에서 널리 알려지게 된 아름다운 모습을 엿볼 수 있게 하며, 광둥 견직업의 발전 맥락을 이해할 수 있게 한다. 금륜회관의 풍부한 문화적 함의에는 광저우 견직업의 긴 발전사 속에서 형성해온 다양한 면모가 구슬처럼 연이어진 아름다운 자취를 담고 있다. 따라서 금륜회관은 광둥 견직업이 과거에 성취한 '고금(古錦)'의 휘황찬란한 역사를 한편으로 상징하고 한편으로 증명한다.

오늘날 광둥 견직업은 시대 변화에 부응한 전략 수정과 지속적인 국제시장 개척 및 비단 문화에 대한 적극적 홍보를 통해 끊임 없는 추동력을 발산하고 있다. 비단 생산을 포함하여 무역 및 사회 문화 등과 관련된 다양한 사례는 광둥 견직업계가 여전히 최전성기에 있음을 보여준다. 특히 유엔기구 주도로 설립된 영향력 있는 '아시아·태평양 지역 양잠 훈련 센터(亞太地區蠶桑培訓中心)'는 앞으로 광둥 견직업이 국제사회에서 영향력을 더욱 확대하고 인류 문명 발전에 공헌하며, 오늘날의 광둥 견직업 즉 '금사(今絲)'의 찬란한 전망을 끊임없이 빚어내고 있다. 광둥 견직업의 과거와 현재, 이 모두 얼마나 멋지고 아름다운 것인가!

1장

금륜회관(錦綸會館)으로 들어가다

금륜당(錦綸堂)으로도 불리는 금륜회관(錦綸會館)은 광저우시(廣州市) 견직업의 회관이다.

1절　금륜회관의 창건

　　금륜회관은 청(淸) 옹정(雍正) 원년(1723)에 건립되었으며, 창건과 광둥 견직업의 번영 및 발전은 서로 밀접한 관계에 놓여 있다.

　　17, 8세기에는 전 지구적 항로의 연결 및 발전, 그리고 네트워크화에 수반하여 동서양 간의 무역이 급속도로 번영했다. 당시 중국이 서양과 접촉한 최대의 창구는 광저우였다. 옹정 9년(1731)에 세워진 「금륜조사비기(錦綸祖師碑記)」에 언급된 "먼 나라의 상선이 종종 무역상품을 가득 실어 운반했다(遠國商帆亟捆載貿遷之盛)"라는 내용에서 예상할 수 있듯이 수많은 구미의 상선 및 상인이 광저우에 운집했다. 그들이 가장 원하고 가장 많은 돈을 지출한 교역품은 비단이었다. 무역 통계에 따르면 18세기 영국 동인도회사(EIC)가 매년 광저우에서 운송해간 비단만 해도 수십만 필을 넘었으며, 가장 많을 때는 65만 필에 이르렀다.

　　서양의 왕성한 비단 수요는 광둥 비단 산업의 발전을 크게 자극했다. 잠사업(蠶絲業)이 광둥에서 아직 미발달 상태에 있던 초기에도 이미 장쑤성과 저장성의 생사를 대량 구입하여 광사(廣紗)와 월단(粤緞)[01]을 방직했

01　(역자주) '월(粤)'은 광둥과 광시(廣西) 일대를 병칭하는 관습 지명으로 사용됐다. 그러나 현재 중화인민공화국에서는 광시는 '계(桂)', 광둥은 '월'이라고 구분하여 행정용어로 사용하고 있다. 여기서는 '영남', '강남'과 같이 역사적 유래를 갖는 관습 지명인 '월'도 한국식 한자어 발음대로 표기한다.

다. 심지어 서방 기술을 받아들여 구미 요구에 맞게 생산하기도 했다. 마테오 리치(Matteo Ricci, 1552~1610)는 그의 『중국차기(中國劄記)』에서 다음과 같이 서술하였다.

그들은 면(棉)에 사(絲)를 섞어 다마스쿠스식 원단을 만들었으며, 유럽 제품을 모방하여 지금은 일종의 금실 원단도 제조하고 있다. 광둥의 기타 방직품 역시 유럽에서 이미 힘들이지 않고 물건을 팔 수 있는 시장을 발굴했다.

강희(康熙)·건륭(乾隆)에서 도광(道光)·함풍(咸豊) 연간에 이르는 동안 주강(珠江) 삼각주에서는 세 차례에 걸쳐 '벼를 뽑아내고 뽕나무를 심는다[廢稻樹桑]'라는 슬로건 아래 잠사업 열풍이 일었다. 아울러 상기어당(桑基魚塘)식 잠사업 생산 방식 역시 삼각주 전체에 신속히 보급되었다. 그리고 광둥의 독특한 자연 및 기후 환경은 광둥 잠사업으로 하여금 다른 어떤 지역보다도 강력한 생산력의 토대를 갖추게 했다. 특히 열대기후에 속한 광저우에서는 거의 1년 내내 뽕잎 따기와 누에치기가 가능했다. 매년 7~8회에 이르는 누에치기로 인해 연간 견사(絹絲) 생산량이 기타 지역과 비교가 안 될 정도로 월등히 높았으며, 이러한 요인들은 광둥 견직업이 진일보하는 데 견실한 기초를 제공했다.

18세기에 이르러 견직업은 광둥의 중요한 생산 업종 가운데 하나로 자리매김했다. 견직공은 1만여 명에 이르렀으며, 이들은 주로 '상시관(上西關)과 하시관(下西關), 샤지우푸(下九甫), 십삼행(十三行) 일대'에 거주했다. 광저우에서 생산된 사단(紗緞)은 당시 최고 품질로 평가되었으며, 정세함과 미려함에서 진링(金陵, 현재의 난징), 쑤저우(蘇州), 항저우(杭州) 등의 비단을 능가했다. 아울러 대규모 생산은 견직업 생산체계의 분화를 더

〈그림 1〉 광저우 특유의 상기어당(桑基魚塘)　　〈그림 2〉 금륜회관에 현존하는 망포행(蟒袍行) 제품

욱 정세화했다. 금륜회관 창설 이전에 광저우의 견직업은 이미 여러 개의 특정 품목을 전문 생산하는 기업 형태로 세분화했으며, 다섯 개의 대행(大行)이 대표 기업으로 주목되었다. 첫째는 '망포행(蟒袍行)'이다. 일명 '조망행(朝蟒行)'으로도 불렸으며 가장 오래된 행에 속했다. 이곳에서 만든 제품에는 용, 봉황, 호랑이 등의 무늬가 주로 장식되었으며, 조정 문무백관의 관복 제작에 전용되었다. 둘째는 '십팔행(十八行)'으로, '팔사단(八絲緞)'은 바로 이 행에서 제작한 제품이었다. 셋째는 '십이행(十二行)'으로 '팔사(八絲)'에 '삼사(三絲)'를 더해 붙여진 이름이다. 이 행에서는 '팔사' 외에 '삼사' 기술도 필수적으로 갖추어야만 했다. 넷째와 다섯째 대행은 '금채행(金彩行)'과 '광사행(廣紗行)'이다.

　　노동 분업은 업계의 이익을 점점 분화시켜갔다. 그리고 상호 경쟁은 각기 다른 직업 내부의 상호 의존성을 더욱 증가시켰다. 그 결과 전체 경제에 일종의 견고한 사회 조직이 출현했다. 사실 이러한 견고성은 감정이나 관습에 토대한 것은 아니며, 이익의 일치성에 기초한 것이었다. 상공회관의 잇따른 설립은 그 결과로 나타난 것이며, 이들 회관의 건립, 발전, 번영, 쇠락 등은 광둥 비단 대외무역의 흥망성쇠를 반증해주는 것이다.

　　그렇다면 금륜회관은 어떻게 성립되었는가? 이에 관해 옹정 9년

(1731)에 세운 「금륜조사비기」는 다음과 같이 기록했다.

> 군성(郡城)의 서쪽 모퉁이에 양잠을 업으로 하는 곳이 어찌 수백 가(家)에 한정되겠는
> 가? 예전에 서래승지(西來勝地)에 관제묘(關帝廟)를 건립해 봄가을의 제사와 모임 장
> 소를 마련할 때 (이들이) 자금을 보탰다. 그 후 사람들이 날로 많아졌으며, 기술과 재
> 산이 진흥하였다. 이에 계묘년(癸卯年)에 많은 금을 모으고 기부금을 낸 사람을 모두
> 비문으로 새겨놓았으며, 관제묘(關帝廟) 왼편에 당(堂)을 짓고 선사신(仙槎神) 한(漢)
> 박망후(博望侯) 장건(張騫)을 모셨다.

위 기록으로부터 광저우 서쪽 모퉁이는 견직업 상점들이 모이는 곳
으로 청 강희, 옹정 연간에 이미 수백 개의 상점이 형성되었으며, 금륜회관
건립 이전에 이들이 시관(西關) 서래승지(西來勝地)에 위치한 관제묘 재건
에 후원하며 견직업계의 봄가을 제사와 모임 장소로 삼았음을 알 수 있다.
이후 견직업에 종사하는 상점과 노동자가 더욱 증가하면서 견직업도 더욱
발전했다. 그들은 재차 공동 기부를 하며, 관제묘의 왼쪽에 터를 잡아 광저
우 견직업의 이익을 전적으로 대변하는 금륜회관을 건립하고, 광둥 견직
업계가 공동으로 추앙하는 사업 원조 박망후 장건에게 제사를 지냈다. 이
로부터 광저우 견직업은 크게 성장했으며 금륜회관이라는 빛나는 문화유
산을 탄생시키게 되었다.

2절 지리적 위치

금륜회관의 지리적 위치는 역사의 흐름에 따라 드라마 같은 변화를 거쳤다. 처음에 금륜회관은 광저우시 리완구(荔灣區) 시라이신지에(西來新街) 21호에 위치했다. 금륜회관 남쪽 가까이에는 포목 무역이 발달한 더싱루(德星路), 양샹루(楊巷路), 샤지우루(下九路)가 있었고, 서북 약 200m 거리에는 현존 광저우 불교 4대 총림 중 하나인 화림사(華林寺)가 위치했다. 관제묘 터는 서북쪽에 있었다.

금륜회관은 광동 견직업 발전과 더불어 건설되었고 동시에 비단 생산 업무를 관장했으므로 비단 생산 및 무역이 적극적으로 전개되는 지역에 조성되었다. 그리고 회관 주변에는 상점이 즐비하게 조성되었으며, 견직물 상점 역시 수백 개가 밀집해 있었다. 남쪽에는 한때 중국 대외무역을 주도했던 십삼행도 있었다. 따라서 이곳은 일찍이 많은 사람이 번잡하게 모이는 곳이었으며, 비단 공방의 노동자, 비단을 전매하는 상인, 사묘에 참배하러 가는 사람들이 1년 내내 섞여 지냈다. 매년 초에는 견직업 영수들이 금륜회관에서 모여 비단의 규격과 판매 가격을 정했으며, 이곳으로부터 남쪽으로 멀지 않은 십삼행 상인들에게 다량의 비단이 전매되었다. 그런 과정을 거친 후 비단은 해상 실크로드를 통해 멀리 남양, 서유럽, 북미 등으로 수출될 수 있었다.

옹정 9년(1731)에 세워진 「금륜조사비기」에 "군성(郡城)의 서쪽 모퉁이에 양잠을 업으로 하는 곳이 어찌 수백 가(家)에 한정되겠는가? 예전에 서래승지(西來勝地)에 관제묘(關帝廟)를 건립해 봄가을의 제사와 모임 장소를 마련할 때 (이들이) 자금을 보탰다"라고 기록하고 있듯이 근처에 원래 관제묘가 있었음을 알 수 있다. 그리고 비단 생산과 무역에 종사하는 사람들이 자주 이곳에 모여 관제에 제사를 지내며 인심을 하나로 모으려 했다는 사실도 살필 수 있다. 도광(道光) 을유년(1825)에는 서청(西廳) 증축을 통해 금륜회관의 규모를 확대했으며, 관제묘는 인근 스바푸(十八甫)로 옮겨 새로 단장했다.

1999년에는 시(市) 정부가 광저우 도시 건설 발전에 부응하여, 라오청구(老城區) 시관(西關)의 남북을 관통하는 간선도로를 건설하고자 했다. 이에 도로 인근의 고택들을 철거해야 했으며 금륜회관 역시 그 대상에 포함되었다. 다만 금륜회관은 광저우 역사문화명성(歷史文化名城)의 대표적 건축물이며, 풍부한 역사문화적 의미 역시 건축 자체의 가치를 크게 뛰어넘는 것이었기에 광저우시는 금륜회관을 그대로 옮겨 보존하기로 했다. 2001년 8월 18일 금륜회관의 실험적 이전이 성공적으로 진행되자 1주일 후 정식으로 전체 이전을 시작했다. 마침내 그해 9월 27일 새벽 5시 금륜회관의 전체 이전 공사가 마무리되었다. 공정은 총 1개월이 소요되었으며, 이전 과정에서 기술자들은 주도면밀한 방안을 설계하고, 새로운 기술을 다양하게 반영했다. 건물을 견고하게 유지하는 '착지보강(落地加固)' 공사, 이전 과정을 둘러싸고 마련된 '동태설계(動態設計)', 옛 자재와 공법으로 문화재의 원상태를 보호하는 전문 기술 등이 모두 매우 좋은 효과를 발휘하며 금륜회관을 100m 거리에 안전하게 옮겼다.

한때 극도로 번화하고 아름다웠던 금륜회관은 현재 캉왕루(康王路) 터널 북쪽 출구 근처에 조용히 자리 잡고 있다. 현대 건축물이 즐비한 캉왕루에서 고색창연한 금륜회관 건축은 독특한 풍경을 자아낸다.

3절 배치 구조와 대청 시설

〈그림 3〉 금륜회관 조감도

　　금륜회관은 사당식(祠堂式) 건축으로 삼진(三進), 삼로(三路)식 구조
이다. 전형적인 영남 공공건축물 형식으로 광저우 시관(西關)의 사당에 비
해 결구가 자유롭다. 전통 사당 건축은 비록 삼진(三進) 형식으로 설계하
더라도 옆쪽으로 반드시 두 채의 청운항(青雲巷)[02]과 동서 2채의 사랑채[厢
房]가 있다. 하지만 금륜회관은 서쪽에 청운항을 조성하지 않았으며, 중로
(中路)와 동로(東路)를 분리하는 청운항도 제2진(進)의 전벽(前墻)까지만

02　(역자주) 청운항(青雲巷)은 광저우 전통 가옥에서 여성 및 노복의 출입, 방화, 통풍, 채광,
　　배수, 분변 수송 등의 목적으로 가옥과 가옥 사이에 만든 작은 골목을 말한다.

뻗어 있다. 즉 제1진과 제2진까지만 이어져 있는 모습으로 조성했다.

제3진 동벽에 박혀 있는 도광 17년(1873) 「첨건비기(添建碑記)」에 의하면 회관은 창건 당시인 청 옹정 연간에는 단지 1로(路) 1원(院) 2진(進) 3칸(開間)의 건축이었다. 동측으로 부엌 하나가 마련되었으며, 서쪽으로 측문이 있었다. 도광 연간에 토지를 추가 매입해 제3진을 지었고, 동로를 개축하였으며, 동청(東廳)과 동각(東閣)을 새로 마련했다. 또한 동쪽에 측문을 설치하고, 서로(西路)를 완전하게 조성했다. 그리고 도좌(倒座, 사랑채), 측원(側院), 서청(西廳), 서각(西閣)을 새로 축조했으며, 동시에 동남쪽에 재성루(財星樓)를 세웠다. 이로써 3로(路) 5칸 5원(院, 天井) 1항(巷, 청운항) 1루(樓)라는 광저우 전통의 대청 가옥 구조가 마련되었다.

중로(中路) 제1진의 정문은 너비와 깊이가 각각 세 칸으로 되어 있으며, 큰길로부터 바로 현관으로 들어가 대문 문턱을 넘으면 대청에 이르렀다. 현관 정면에는 속칭 '당중(擋中)'으로 불리는 의문(儀門, 중국 전통 가옥에서 대문 안에 있는 두 번째 문)이 설치되어 있었으며, 양측에는 문장(門牆)과 산장(山牆)에 의지해 지은 작은 각루(閣樓)가 동서 양쪽으로 마련되어 있었다. 회관 문 앞에 설치된 조벽(照壁) 뒤쪽과 중로 현관 앞쪽에는 '전명당(前明堂)'이라 불리는 10m² 정도의 사이 공간이 있었다. 이곳은 실내와 실외 공간을 자연스럽게 연결하는 역할을 했으며, 명절 때 업계 관계자들이 모이는 장소로 활용되었다. 아울러 평소 사람들이 오가는 교통의 요처이기도 했다. 제2진 중당(中堂)에는 앞쪽으로 전헌(前軒)이 설치되어 있었으며, 전헌 양쪽 산장(山牆)에는 동로와 서로로 통하는 측문이 조성되어 있었다.

중당 역시 너비와 깊이가 각 3칸이었다. 중당 좌우 양측의 차간(次

〈그림 4〉 중당(中堂)의 전헌(前軒) 〈그림 5〉 의문(儀門) 앞 연극 무대

間)[03] 뒷벽에는 각각 벽돌로 만든 아치형 문이 조성되어 있었다. 이들 아치형 문은 제3진의 후당(後堂)으로 통하는 동쪽과 서쪽의 복도에 맞닿아 있었다. 후당인 제3진은 후에 증축되었으며 너비 3칸에 깊이가 1칸 2주(柱)에 한정되어 제1, 2진에 비해 좁고 작았다. 이로 인해 통풍과 채광도 상대적으로 낮았으며, 이러한 이유로 앞쪽 처마를 바닥에서 7m 가까이 위로 올려 설계했다. 이에 따라 제3진 앞쪽 비탈면도 그만큼 짧아져 특수한 측면을 형성했다.

동로(東路)의 제1진은 청운항의 문이고, 제2진은 잡방(雜房)과 1층의 도좌방(倒座房)으로 구성되었다. 도좌방은 너비 1칸, 깊이 1칸으로 제3진과 마주하고 있었다. 그리고 제2진과 제3진, 동서 담장이 서로 둘러싸면

---

03 (역자주) 차간(次間)은 중국 전통 건축물에서 명간(明間) 바로 양 옆에 있는 간(間)을 말한다. 명간은 중국 전통 건축물에서 정중앙의 기둥 4개로 둘러싸인 부분을 말한다. 정면 계단으로 올라가면 마주하는 간이다.

〈그림 6〉 금륜당(錦綸堂)

〈그림 7〉 선사 장건에게 제사 지내는 후당(後堂)

서 1개의 천정(天井, 안채와 사랑채 사이의 마당)을 형성했다. 동쪽에는 바깥 길로 통하는 갑문(閘門)이 있었고, 서쪽에는 중로로 통하는 아치형 문이 있었다. 제3진은 2층 주택으로서 1층은 앞쪽에 객실, 뒤쪽에 침실을 두었으며, 2층은 전체가 하나의 커다란 침실이다.

서로(西路)의 제1진은 1층 도좌방으로 너비와 깊이가 각각 1칸이며, 중로로 통할 수 있게 옆문을 설치했다. 제2진은 1층 건물로서 너비 1칸, 깊이 2칸이며, 앞쪽에는 객실을, 뒤쪽에는 침실을 두었다. 객실 앞쪽 전헌의 동쪽에 중로로 통하는 문을, 서쪽에 뒷골목으로 통하는 갑문을 각각 조성했다. 제3진은 2층 건물로서 너비 1칸, 깊이 1칸이며, 1층에는 객실, 2층에는 침실을 마련했다. 그리고 동쪽에 중로로 통하는 아치형 문을, 서쪽에 뒷골목으로 통하는 갑문을 각각 조성했다.

금륜회관 내 각 대청은 용도가 명확하게 구분되어 있었다. 중로 대청에서는 주로 회의 및 제사를 지냈고, 동로와 서로의 대청은 거주구역이었다. 중로 제1진 동쪽과 서쪽의 작은 다락방은 크기가 약 6m²로서 금은소루(金銀小樓)로도 불렸는데, 이곳은 원래 배우들이 화장하고 옷을 갈아입는 장소였다. 예전에는 조사(祖師)를 모시는 행사를 하거나 서로 모여 회의할 때 항상 커다란 공연을 개최하곤 했다. 창극을 할 때는 항상 의문 앞에 작은 무대를 설치하고 중당과 천정을 임시방편의 객석으로 활용했으며, 작은 다락방은 배우들이 준비하는 장소로 활용했다. 출입의 편의를 위해 다락방 한편에는 작은 문을 조성해 두었다.

다락방 창문은 원래 정교하고 아름다운 무늬로 장식했으나 전쟁으로 훼손되었다. 후에 수리하면서 서쪽 다락방은 훼손된 모습을 그대로 두어 세상의 변화무상함을 느끼게 했다. 중당 가운데 칸 뒤쪽의 금주(金柱, 지붕을 바치는 벽면 기둥) 격가(隔架)에는 '금륜당(錦綸堂)'이라는 현판이 걸려 있다. 이곳은 의사를 결정하는 장소이자 귀한 손님을 접대하는 장소로서 제1진보다 등급이 높았다.

후당(後堂)은 '조당(祖堂)'이라고도 불리는데 견직업의 선사(先師)인 장건을 제향하는 대청이다. 중요한 비문들이 이곳 양쪽 박공벽에 새겨져 있으며, 이를 통해 금륜회관의 변천사를 살필 수 있다.

4절 건축 특징

　‘금(錦)’은 채색 실로 각종 도안과 문양을 짠 견직물을 말한다. 예전에 ‘금포(錦袍)’라고 하면 선명하고 화려한 것을 형용하였다. ‘륜(綸)’은 청사수대(青絲綬帶)를 의미하는 것으로 예전에는 관리들이 관인(官印)을 맬 때 사용한 명주 끈을 가리켰으며, 굵은 사면(絲綿) 혹은 사(絲)보다 더 굵은 줄을 가리키기도 하였다. 명칭만 보더라도 이 건물이 유래 깊은 건축물로서 광저우 지역 견직업 발전과 밀접하게 연관되었음을 알 수 있다. 이러한 것은 금륜회관의 건축 설계에도 선명하게 반영되었다.

　금륜회관의 건축 설계에는 전형적인 영남 건축의 특징이 반영되어 있다. 이곳에는 석조(石雕), 전조(磚雕), 목조(木雕), 회조(灰雕, 석회와 볏짚을 섞은 것으로 하는 광둥 전통 조소), 도소(陶塑, 점토 조소), 굴 껍데기 등의 예술 장식이 대량으로 반영되었으며, 외부 설계와 내부 장식을 정묘하게 구사하여 ‘금륜(錦綸)’이라는 두 글자의 뜻과 밀접하게 연결시켰다.

　바깥에서 볼 때 금륜회관의 6면(面) 박공벽은 영남 건축에서 흔히 볼 수 있는 솥귀 모양이다. 솥귀는 영남 문화에서 다양한 의미를 지니는데 자라[鰲魚]나 용마루[龍脊]를 상징한다는 견해 혹은 명대 관모나 황실 마구간의 말안장을 상징한다는 견해 등이 있다. 솥귀형 박공벽 수척(垂脊)의 앞 끝부분과 뒤 끝부분에는 ‘물이 불을 제압한다[水壓火]’는 것을 상징하는 박고(博古)[04] 양식의 장식을 하였는데, 이는 기문 (夔紋)이라 하기도 한다. 박공벽 꼭대기 아래의 박풍대(博風帶)는 물을 상징하는 검은색으로 칠해져 있고, 그 표면의 앞 끝부분과 뒤 끝부분에는 소권초(塑卷草) 혹은 용두초(龍頭草) 꼬리 무

〈그림 8〉 솥귀형의 박공벽

늬를 새겨둠으로써 물이 불을 제압한다는 이미지를 더욱 강조했다.

정문 용마루는 금륜회관 외부 디자인 가운데 가장 돋보이는 부분이다. 용마루를 높이려고 정척(正脊)을 두 겹으로 쌓았으며, 아래 정척은 회소(灰塑)로, 위 정척은 유리질 도소(陶塑)로 장식했다. 그리고 정척 위에 도소로 된 오어호주(鰲魚護珠)를 장식했는데 건물에서 가장 인상적인 부분이다. 양쪽 수척(垂脊)도 이에 호응하여 수척 하단부에 박고 장식을 더하고, 아울러 박고 위에 박쥐 도안과 화병(花甁) 모양의 회소를 추가해 용마루를 더욱더 번잡하게 했다. 이는 비단 무역에서 금륜회관이 추구하는 상업문화의 일면을 잘 드러낸다. 구름 속에서 하늘을 나는 소조의 오어(鰲魚) 형상에서는 맑은 하늘로 뻗은 오어의 긴 수염이 비범한 기세를 가장 잘 드러냈다. 이들 짐승 문양은 지붕선을 장식하기도 하지만 민간에서는 짐승 무늬가 방화 및 액막이 역할까지 하는 것으로 전해지고 있다. 이 도소 역시 그러한 의미를 반영하여 제작되었다. 게다가 후손들이 '선두[鰲頭]'를 독점하여 비단 무역을 대대로 전승토록 하는 건축가의 의지도 반영했다.

회관의 내부 장식에도 광저우 비단과 비단 무역 번창에 대한 금륜행

---

04   (역자주) 박고(博古) : 그림을 그려 넣은 장식용 기물(器物) 혹은 이러한 기물에 그려지는 그림의 양식.

〈그림 9〉 금륜회관의 정문 용마루

의 애틋함이 담겨 있다. 예를 들어 후당 양쪽에는 각각 흑칠목조화문(黑漆木雕花門) 한 쌍을 세워두고, 그 아래에는 팔보격화문(八寶格花紋)과 글자를 새겼으며, 좌우 양측 문에는 칠언양구(七言兩句, 일곱 글자짜리 시구 한 쌍으로 이뤄진 글, 주로 대문이나 기둥 양쪽에 한 구씩 새겨 넣음) 한 쌍이 양각으로 새겨졌다. 북송 명재상 구준(寇準, 961?~1023)의 시첩 천도(蒨桃, 960~1022)가 지은 「정구공(呈寇公)」도 그 가운데 하나이다.

一曲清歌一束綾(綾) 노래 한 곡에 비단 한 속이건만

美人猶自意嫌輕. 미인은 오히려 적다고 불평하네.

不知織女螢窓下, 길쌈하는 여인이 반딧불 창가에서,

幾度抛梭織得成. 몇 번이나 북을 던져 짜낸 것인지 알지 못하기 때문이네.

이것은 부패에 반대하고 청렴을 제창한 풍유시(諷喩詩)로서 금륜회관에서 가장 눈에 띄는 위치에 있다. 비단 생산의 고단함과 비단 무역 과정에서 회관 사람들의 공정과 청렴을 강조하고 일깨우는 뜻이 담겨 있다.

또 하나는 북송 시인 황정견(黃庭堅, 1045~1105)의 「악주남루서사(鄂州南樓書事)」이다.

四顧山光接水光, 사방을 돌아보니 산 그림자가 물빛에 젖어들고,

憑欄十里芰荷香. 난간에 기대니 마름꽃과 연꽃 향기가 십 리를 풍기네.

淸風明月無人管, 청풍명월에 피리 부는 사람 없고,

並作南樓一味涼. 나와 함께 남루만이 청량함을 맛보네.

이 시는 원래 저자가 멀리 관직을 떠나 청정한 마음을 표현한 것이다. 오가는 상인들이 지나친 탐욕을 경계하고 본분을 잘 지키며, 맑은 마음으로 자신의 직분에 충실할 것을 경계하고자 이곳에 조성해놓은 것이다. 또한 이곳에는 청 강희(康熙) 연간 광둥의 유명 인사 굴대균(屈大均, 1630~1696)의 「죽지사(竹枝詞)」도 있다.

洋船爭出是官商, 외국 배들은 앞다투어 관상을 찾고

十字門開向二洋. 십자문은 두 바다를 향해 열렸네.

五絲八絲廣緞好, 오사와 팔사는 광둥의 단이 훌륭하니

銀錢堆滿十三行. 은전이 십삼행에 가득 쌓여 있다.

이 시가 묘사한 것은 광저우 비단 무역의 날로 번창하는 아름다운 전경이다.

굴 껍데기를 모아서 만든 시관(西關)의 만주창(滿洲窓)도 금륜회관 내부 장식 가운데 독특한 창작물 가운데 하나이다. 중로 제3진 위쪽에 설치된 금륜회관의 채광창 두 짝은 크지 않지만 조각의 정미함이 매우 뛰어

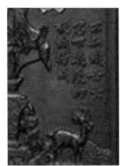

〈그림 10〉 조화문(雕花門) 위의 팔보격(八寶格) 문양과 문자

나다. 수백 개의 굴 껍데기를 창문 격자에 끼워 넣어 만든 것이다. 굴 껍데기를 빛나도록 연마하여 채광창을 만든다? 이는 농담이 아니다. 채광창 두 짝은 후당 전방의 높은 곳 양쪽에 위치하여 고개를 들어 올려다보면 바로 볼 수 있다. 그 독창성에 누구도 감탄을 금할 수가 없다. 옛사람들에게는 유리가 없었기에 슬기롭게 창문 격자에 수백 개의 굴 껍데기를 끼워 넣어 제작한 이 채광창은 상당히 투명하며, 외관 역시 아름답고 독특하여 사랑스럽다.

그뿐만 아니라 바깥으로 통하는 오래된 나무 울타리 방범문 세 개는 '갑문(閘門)'이라고도 하는데 지혜의 결정체이기도 하다. 각 방범문은 두 부분으로 구성되어 있는데 하나는 2개의 널문이고, 다른 하나는 5개의 긴 나무로 만들어진 나무 울타리이다. 울타리는 움직일 수 있으며, 사용 시 긴 나무를 문 위 일정한 위치에 박고 문틀 위쪽 스위치를 돌리면 긴 나무가 바로 고정된다. 이러한 설치는 영남 사람들이 여름철에 문을 열어 시원한 바람을 들이는 데에도 적합할 뿐 아니라 방범용으로도 안성맞춤이었다.

2장

금륜회관과 광둥 견직업의 오랜 기원

광저우는 해상 실크로드의 시발점으로서 유구한 대외무역의 역사가 있다. 아울러 광둥의 비단 생산 및 무역의 기원 역시 매우 길다. 이는 금륜회관의 제사 의식 및 다양한 전시품 등에 고스란히 반영되었다.

1절 조사 장건 이야기

앞에서 금륜회관이 박망후(博望侯) 장건(張騫, ?~기원전 114)에게 제사 지내는 곳이라는 점은 이미 기술했다. 매년 음력 8월 13일은 금륜회관에서 가장 북적거리는 날이다. 이날 견직업계 종사자들은 견직업 조사에 대한 참배를 위해 금륜회관에 모여 대규모 공식 행사를 개최했다. 그렇다면 광동 견직업계 종사자들은 왜 장건을 보편 신앙의 대상으로 삼고 조사로 존숭하는가?

〈그림 1〉 금륜회관 내부의 장건 초상화

「금륜조사비기」에는 다음과 같은 내용이 있다.

"대개 누에 치고 베 짜는 일은 비록 황제(黃帝) 시기에 시작되었지만, 베틀이 정교해지고 무늬가 일변한 것은 박망후가 원수(元狩) 연간에 뗏목을 타고 천하(天河)에 이르러 지기석(支機石)을 얻어 마침내 천손(天孫)의 기교를 마음껏 발휘하게 되었다. 이에 제도를 새로 만들고 법을 제정하고 후손에 전하여 지금까지 모두 그 혜택을 입고 있는 것이다. 그러므로 사당을 지어 모시는 것은 조사로부터 입은 은혜를 갚고 뿌리를 잊지 않으려는 마음에서 우러난 것이다. 내 말을 증명하고자 이 일을 기록한다. 기쁨을 감추지 못하여 말한다. "이것만으로도 세도(世道)의 융성함을 엿볼 수 있다.""

금륜회관 정문 양쪽의 대련(對聯)에도 다음과 같이 쓰여 있다.

石授之機仙女祕傳天上巧 지기석을 준 때에 선녀가 하늘의 기교를 비밀리에 알려주었네.

侯封博望後世敬仰看先賢 박망에 봉해졌으니 후인들이 우러르며 선현을 바라보네.

위에서 소개한 비문과 대련의 내용은 사실 아름다운 전설에서 유래한 것이다. 당시 한(漢) 무제(武帝, 기원전 156~기원전 87, 재위 기원전 141~기원전 87)는 장건을 보내 황하의 시원을 찾게 했다. 장건이 뗏목을 타고 천하(天河)에 이르렀을 때 한 여인이 돌 하나를 건넸다. 장건이 조정에 돌아와 점을 잘 치는 엄군평(嚴君平, ?~?)에게 보여주니 엄군평이 놀라며 말하길 "이 돌은 직녀가 베틀을 받치는 데 쓰는 것이다"라고 했다. 이로 인해 장건은 규법을 새로 만들고 방직 기술을 후세에 전하여 견직업을 더욱 발전케 했다. 이 전설은 처음에 서진(西晉) 장화(張華, 232~300)가 편찬한 『박물지(博物誌)』에 기록되었는데 당대에 들어와 광범위하게 확산했다.

그러나 이는 단지 하나의 전설에 불과하다. 장건이 상상의 세계인 천하에 도달할 수 있는 것도 아니고, 신화 속 직녀와 만날 수 있는 것도 아니다. 다른 지역에서는 더 이른 시기에 해당하는 누조(嫘祖, 황제의 후비, 중국 여성의 시조)를 양잠 및 견직업의 시조로 여기기도 한다. 그녀가 원시 사회 말기에 견직 기술을 이미 발명한 것으로 전해지기 때문이다. 그러나 중국의 양잠 및 견직의 연원은 원시 모계씨족 시기에 이미 출현했을 정도로 좀 더 오랜 역사가 있다. 예를 들어 약 6, 7천 년 전 산시성(山西省) 허우마(侯馬), 저장성 허무두(河姆渡) 등의 유적에서 이미 이런 기술의 출현을 확인할 수 있으니, 원시사회 말기의 누조보다도 한참 먼저 나타난 것이다. 광둥성에서 장건을 견직업의 시조로 여기는 것은 약간은 기이한 일이다.

　　그러나 실크로드와 중국의 대외 비단 무역사를 살펴보면 장건 숭배도 기이한 것은 아니다. 다음과 같은 몇 가지 역사적 사실을 부정할 수 없기 때문이다. 첫째, 장건은 중서 교통의 실크로드를 개척했고, 당시 대외교류의 대표적 물품은 바로 비단이었다는 점이다. 둘째, 광둥, 특히 광저우는 해상 실크로드의 중국 측 기점이었고, 이곳 역시 대량의 비단을 해외에 수출했는 점이다. 셋째, 광둥의 양잠 및 견직업은 다른 지역과 달리 처음부터 대외무역을 주요 목적으로 삼았다는 점이다.

2절 장건의 서행과 황문의 항해

장건의 서역(西域) 출사에 관한 고사는 『사기(史記)』와 『한서(漢書)』 등 역사 문헌에 이미 상세히 기록되어 있어 더 언급할 필요도 없다. 하지만 해상 실크로드와 육상 실크로드의 관계에 관해서는 좀 더 상세히 살펴볼 필요가 있다. 장건이 서역으로 가는 길을 개척한 것의 영향으로, 한 무제는 거의 같은 시기에 해상 실크로드의 하나인 중국과 인도 사이의 항로를 개척할 수 있었다.

장건이 대월지(大月氏) 사행을 마치고 돌아온 후, 비록 흉노를 견제하는 군사적 동맹은 달성하지 못했지만 그곳에서 확보한 많은 정보는 한 무제를 자극하기에 충분했다. 장건은 대월지가 위치한 중앙아시아에서 공죽장(邛竹杖), 촉포(蜀布), 구장(枸醬) 등 중국 남부의 산출물을 다수 접할 수 있었다. 그러한 점을 의아하게 여긴 장건이 이들의 산출지를 물었을 때 대하(大夏) 사람들은 이러한 물품들은 모두 신독국(身毒國)에서 구매한 것이라고 답했다. 신독국은 바로 중앙아시아 동남쪽에 위치한 인도였다. 장건은 물품들이 광시(廣西)의 시강(西江)을 통해 광둥으로 반입되었다가 인도를 거쳐 대하(大夏)와 대진(大秦)으로 판매되었다는 사실을 조사를 통해 알게 되었다. 이에 장건은 한 무제에게 사신을 파견하여 남쪽으로 내려가 광둥에서 바다로 나가게 할 것을 건의했다. 중국과 서방을 잇는 해상 실크로드 개척은 바로 이러한 상황에서 비롯했다.

사실 광둥은 중국 남부 연해에 위치하여 중국이 남쪽으로 출항하는 중요한 관문이다. 이에 광둥이 위치한 영남 지역에서는 일찍부터 남해 주변 여러 나라와 민간 무역을 전개했다. 사마천(司馬遷, 기원전 145?~기원전 86?)은 『사기』 화식열전(貨殖列傳)에서 진대에 번우(番禺), 즉 광저우는 이미 대도시였으며, '주옥[珠璣], 코뿔소[犀], 대모(玳瑁), 과일[果], 포(布)의 집산지'였다고 기록했다. 유안(劉安, 기원전 179?~기원전 122) 역시 『회남자(淮南子)』 인간훈(人間訓)에서 광저우는 한나라 초기에 '코뿔소 뿔[犀角], 상아[象齒], 비취(翡翠), 주옥'의 집산지에 해당한다고 기록했다.

그렇다면 이러한 물품들은 어디서 온 것일까? 『한서』 가연지전(賈捐之傳)은 그와 관련하여 중요한 정보를 제공한다. "한 원제(元帝, 기원전 76~기원전 33, 재위 기원전 49~기원전 33) 초원(初元) 원년(기원전 48), 주애(珠崖, 현재의 하이난다오(海南島))에서 반란을 일으키자 출병하여 공격했다. 여러 현(縣)이 잇따라 반역을 일으켰으나 몇 년 동안 평정하지 못했다. 황제가 대유사(大有司)와 상의하여 거병하자고 했으나 가연지는 그다지 적당한 해법은 될 수 없다고 했다. (중략) 그가 말하길 '오직 주애만 구슬, 코뿔소, 대모를 갖고 있는 것은 아니니 버려도 아쉬울 게 없을 것입니다'라고 했다(元帝初元元年, 珠崖又反, 發兵擊之. 諸縣更叛, 連年不定. 上與大有司議大發軍, 捐之建議以爲不當擊. … 曰, 又非獨珠崖有珠·犀·玳瑁也, 棄之不足惜)." 즉 구슬, 코뿔소, 대모 등은 수입품으로서 하이난다오 이외에도 해외에서 물품을 수입할 수 있는 통로가 있음을 지적한 것이다. 이를 통해 광저우는 진대부터 이미 대외무역에 착수했음을 살필 수 있다. 그리고 『한서』 지리지(地理志)에도 "중원 지역의 상인들이 (번우에서) 장사를 하니 대부분 부를 획득했다"라고 기록한 것으로 보아 당시 중원 북쪽의 상인들도 광저우에 와 무역에 종사했으며, 민간에서 남해로 가는 통상로가 이미 개통되어 있었음이 확인된다.

진(秦) 왕조는 점차 영남 지역에 대한 개발과 통제를 확대하여 북쪽과 원활한 연결을 도모했다. 이로써 관에서 주도하는 해상 실크로드 개척을 위한 중요한 환경이 조성되었다. 진시황(秦始皇) 33년(기원전 214) 진나라는 영남 지역 평정 후 대군을 파견하여 주둔하게 하는 동시에 영남으로 대량 이민을 추진하는 한편 남해(南海), 계림(桂林), 상군(象郡) 등 3개군을 설치했다. 이로 인해 광둥은 조직적으로 대규모 대외 경제, 문화 교류를 전개할 수 있게 되었다. 또한 번우(현재의 광저우)는 대외 교류 및 화물집산지로서 자리매김했다.

서한 시기에 비록 남월국(南越國)이 잠시 독립했으나 중원과의 관계는 점차 밀접해졌다. 한 왕조는 종종 주변 소국에 막대한 양을 상사품으로 주었고 남월국은 비단이 유입되어 들어오는 주요 지역이었다. 서한 건립 후 한 고조(高祖, 기원전 247?~기원전 195, 재위 기원전 202~기원전 195)는 사람을 보내 남월왕(南越王) 조타(趙佗, 베트남어 찌에우다 Triệu Đà, ?~기원전 137)에게 포도궁금(蒲桃宮錦) 등 견직물을 대량으로 주었다. 이후 중원 통치자들은 남쪽 지방의 세력을 유치하려고 남월국으로 비단을 대량 수송했다. 공식적인 선물 상사(賞賜) 외에 역사서에 수록되지 않은 민간인의 비단 무역은 더욱 많았다. 당시 한 왕조는 진에 비해 상인에 대한 통제를 완화하고 정책적으로 대량의 비단이 남쪽 지역으로 운송될 수 있도록 편의를 제공했다. 비단은 영남 지역에서 희귀한 상품이었으며 코뿔소 뿔, 상아, 대모 등 사치품을 교환하는 데 최우선의 물품이었다. 영남 지역에 대한 진한(秦漢) 왕조의 이러한 개발과 장악이 있었기에 한 무제는 사신을 남쪽으로 보내 해양으로 진출하는 대업을 성취할 수 있었다.

『한서』에 의하면 남월국을 평정한 후 한 무제는 황문(黃門), 즉 궁중을 지키는 환관(宦官)을 파견하여 선단을 조직하게 했다. 통역을 맡은 역장(譯長)은 리더로서 선원 등 응모자들을 이끌고 장건이 사신으로서 서역으로 출사한 것처럼 고난하고 뜻깊은 출사를 개시했다. 그들은 광둥에서 출항하여 약 2년 동안의 항해를 통해 인도와 스리랑카에 도착했다. 이로써 해상 실크로드 동쪽 구간 중 광둥에서 인도까지의 항로를 개척할 수 있었다.

이때 항해를 통해 개척된 항로가 경유한 항구와 일정 등은 문헌에 다음과 같이 명확하게 기록되었다. 서문(徐聞, 현재의 광둥성 쉬원현(徐聞縣))에서 출발하거나, 혹은 합포(合浦, 현재의 광시좡족자치구 허푸현(合浦縣)), 일남(日南) 변경(현재의 베트남 중부 해안)에서도 출항하였다. 이렇게 5개월 항해하면 도원국(都元國, 현재의 인도네시아 수마트라 섬 동북부, 혹은 말레이반도 서부)에 도착했다. 도원국에서 4개월 더 항해하여 읍로몰국(邑盧沒國, 현재의 태국 서남해 해안의 랏차부리(Ratchaburi))에 이르렀다. 여기서 이라와디강(Irrawaddy River)으로 들어가 20여 일 동안 거슬러 올라가 심리국(諶離國, 현재의 미얀마 테나세림(Tenasserim))에 이르렀다. 이 도시 국가는 끄라(Kra) 지협(地峽) 이북의 좁고 긴 지대에 위치했으며, 남북조 시기 중국 문헌에는 돈손(頓遜)으로 기록된 바 있다. 이 지역은 태평양과 인도양 양대 해역 사이에서 중요한 무역 환승지였다. 여기서 육로로 서쪽으로 10여 일 이동하여 끄라 지협을 넘으면 인도양 동북부의 안다만해(Andaman Sea) 연안에 이른다. 여기에 부감도로국(夫甘都盧國, 현재 미얀마 프롬(Prome, 卑謬)으로 추정되지만 확실치는 않음)이 있는데 이곳은 안다만해 동부 해안의 중요한 항구였다. 여기서 다시 안다만해 연안을 따라 두 달 동안 항해하면 인도반도 남쪽 황지국(黃支國)에 도착한다. 황지국은 현재 인도 동남부 연해의 마드라스(Madras) 혹은 칸치푸람(Kanchipuram)에 해당한다. 수당(隋唐) 시기에는 건지보라(建志補羅)라고 칭한 곳이다. 다시 남쪽으로 항해하면 스리랑카 섬의 이정불국(已程不國)에 도착하였는데, 이정불국은 현재 스리랑카에 있던 국가였다. 이곳은 당시 한나라 사신이 도달한 지역 가운데 가장 먼 곳이었다. 이후 사신단은 이곳에서 회항했다. 회항할 때는 노선을 달리했다. 대략 8개월 동안 항해하여 인도양 해역의 피종국(皮宗國)에 도달했다. 이곳은 흔히 현재 말레이반도 끄라 지협의 팍찬강(Pakchan River) 하구로 알려진 곳이다. 여기서 두 달 더 항해하면 한 제국 남쪽 경계인 일남(日南) 또는 상림(象林)에 이르렀다. 이곳은 현재 베트남 중부 꽝남성(省廣南, Tỉnh Quảng Nam) 주이쑤옌현(縣維川, Huyện Duy Xuyên) 일대이다.

황문의 항해는 중외 교류사에서 장건의 서행과 마찬가지로 중요한 의미를 지닌다고 할 수 있다. 장건의 서행은 오아시스 실크로드 동단의 중국 서북 지역으로부터 중앙아시아까지 교통로를 개척한 것이고, 황문의 항해는 해상 실크로드 동단의 중국에서 인도까지의 항로를 개척하였다. 정부 주도의 조직적이고 대규모인 중서 교류 발전사 관점에서 보면 모두 실크로드를 개척하는 위대한 사업이었다.

여기서 주목할 점은 해상 실크로드가 개통된 날부터 비단이 중국 대외무역의 주요 상품으로 등장했다는 사실이다. 다수의 문헌에서는 '번우(番禺)'가 진한 시기에 코뿔소, 상아, 비취, 주옥 등을 수입하는 데 그치지 않고 '과일과 포의 집산지(果布之湊)'이기도 했다는 점을 강조하고 있다. 이는 더 깊이 연구할 만한 것이지만, 광저우는 예전과 마찬가지로 현재에도 동남아시아로부터 대량의 과일을 수입하는 지역이다. 아울러 중국의 비단과 포목 역시 의심할 여지 없이 중국 본토에서 해외로 수출하고 있다. 이외에도 황문이 항해할 당시 '황금과 비단을 가지고 갔다(齎黃金雜繒而往)'라는 기록이 있는데 이는 대량의 황금과 비단을 싣고 남양(南洋)으로 진출했다는 것을 말해준다. 이후 광저우 비단의 해외 운송은 점차 발달해왔다. 『후한서(後漢書)』에는 영녕(永寧) 원년(120) 탄국(撣國, 현재의 미얀마)이 사신을 파견하여 '악급환인(樂及幻人)' 즉 마술사를 바치자, 중국이 '금과 은, 채색 비단을 각각 차등 있게 답례했다(金銀·彩繒各有差)'라는 기록이 있다. 『수서(隋書)』에도 수(隋) 양제(煬帝, 569~618, 재위 604~618)가 남양으로 파견한 사신이 가지고 간 비단이 5,000필이었다고 적고 있다. 명청 시기에는 비단의 수출 규모가 더욱 증가했다(자세한 내용은 후술 참조). 해상 실크로드는 대규모 비단 수출의 역사가 있으며, 중국 비단이 서쪽 세계로 전파되는 또 하나의 경로였던 것이다.

3절 지기석과 남월왕묘 날염 도구

앞서 장건에 관한 전설 중에 '지기석(支機石)'이라는 돌을 언급하였는데, 이에 따르면 이 보석을 가지고 베틀을 받치면 어떠한 아름다운 명주와 비단이라도 모두 짜낼 수 있다고 하였다. 또한 광저우에서 전해지는 고사에 의하면, 직조공방의 직공(織工)들은 지기석이 있었으므로 이들이 짠 비단은 매우 정교하고 품질도 우수하여 인기가 많았으며, 판매 경로 역시 날로 확대되었다고 한다. 그러나 전설 속의 지기석이 도대체 어디에 있는 것인지, 또 어떻게 생긴 것인지 누구도 알 도리가 없다. 다만 고고학적으로 발굴된 유물들을 통해 광둥의 비단 생산이 서한 시기에 이미 상당한 기술을 갖추었다는 것을 확실히 알 수 있다.

1983년 광저우시 지에팡베이루(解放北路) 근처의 샹야강(象牙崗)이라는 산에서 오래된 남월왕(南越王)의 묘가 발견되었다. 묘의 주인 조말(趙眜, 베트남어 찌에우무오이 Triệu Muội, ?~기원전 122)은 남월국 개국 군주 조타(趙佗)의 손자로 문제(文帝)라고 칭하였으며, 재위 기간은 기원전 137년부터 기원전 122년까지였다. 그의 묘에서 대량의 견직물이 출토되었는데 가장 가치 있고 의미 있는 유물은 청동제 날염 볼록판 도구이다. 이는 고고학적으로 지금까지 발견된 세계 최초의 채색 직물 직조 도구이다.

이 유물은 큰 것과 작은 것 2개가 발견되었으며 전자가 보존이 더 양호했다. 형태가 얇고 납작하여 널빤지 모양을 한 점이 특징인데, 앞면 장

식 무늬는 전체적으로 보면 나
무처럼 생겼고, 굽은 화염과 비
슷한 문양도 있다. 무늬의 윤곽
선은 볼록 튀어나왔고 대부분
얇고 예리하며 두께는 0.15mm
정도이다. 유물 하단의 손잡
이 부분 무늬의 윤곽선은 좀
더 두꺼우며 높이는 약 1mm이

〈그림 2〉 남월왕묘 출토 청동 날염 직조 도구

다. 즉 볼록 무늬와 동판 바닥면과의 수직 거리는 약 1mm 정도이며, 볼록
한 무늬 사이에는 오목한 홈이나 오목한 면을 형성한 경우도 있다. 무늬가
새겨진 판의 뒷면에는 구멍 있는 작은 단추 하나가 있다. 큰 것은 전체 길
이가 57mm이고, 폭은 41mm이다. 작은 것은 출토 당시 이미 네 조각으로
훼손된 상태였지만 현재는 거의 완벽하게 복원되었다. 전체 길이는 34mm
이고, 가장 넓은 부분의 폭은 18mm이며 '人'자 모양을 하였다. 이 역시 판
면에는 볼록한 무늬가 있고 손잡이에는 오목한 홈이 있다. 두 유물의 무늬
부분은 모두 동일 평면상에 위치했고, 약간 마모된 것으로 보아 이미 사용
한 적 있는 것으로 보인다. 또한 색을 묻혀 도장처럼 무늬를 찍어 넣었음
을 알 수 있다. 또한 유물과 함께 많은 비단이 쌓여 있었기에, 유물과 비단
이 서로 밀접한 관련이 있다는 것도 분명하다. 일부 학자들은 마왕퇴한묘
(馬王堆漢墓)에서 출토되어 이미 검증된 바 있는 비단 날염 도구가 남월왕
묘에서 출토된 이 유물의 쓰임을 방증한다고 한다.

4절 영남의 유구한 비단 생산의 역사

광둥 방직품 생산에 관해 언급할 때 학계는 늘 고대 문헌에 기초하여 영남은 오랫 동안 '거칠고 미개한 곳(荒蠻之地)'이었으며, 당시 광둥에 거주하던 고월족(古越族, 중국 동남 연안에 살았던 종족, 백월족(百越族)이라고도 함) 사람들은 '칡으로 옷을 만들어 입는 섬 오랑캐(島夷卉服)'였기에 광둥에서는 양잠과 견직업의 출발이 매우 늦고 발달하지 못하였다고 간주했다. 이러한 견해는 의심할 바 없이 북방 중원 지역 한족들의 고유한 역사적 편견이 반영된 것이다.

영남 견직업 발전사를 살펴보면, 초기에는 확실히 식물 섬유 위주로 천을 만들었다. 하지만 기술은 일찍 발전하여 진한(秦漢) 시기에 이미 상당히 높은 수준을 내보였다. 생산품의 종류를 살펴보면 대부분 초포(蕉布), 갈포(葛布), 마포(麻布), 길패(吉貝) 등이지만 견직물 역시 적지 않으며, 심지어 하이난다오에서는 한대에 이미 여인들이 누에를 치고 베를 짜는 상황이었다. 광둥 마바(馬壩)와 광시 뤄보완(羅泊灣) 등에서 출토된 실물을 통해 방직 기술은 이미 원시사회 단계에 기초가 마련되었으며, 진한 시기에 이르러 생산 도구, 방직방적 및 염색 기술 등 여러 방면에서 큰 혁신이 있었기에 중원 지역에 비견된다는 것을 알 수 있다.

진(秦) 왕조는 영남을 장악함과 동시에 다양한 정책을 통해 자원을 적극적으로 개발했다. 진시황 재위 기간에만 50만 명이 이 지역으로 이주했다. 이렇게 많은 중원 이민자는 의심할 여지없이 중원 지역 방직 기술을 영남 지역으로 이입했으며, 현지의 방직 기술과 결합해 더욱 수준 높은 비단 생산 기술을 발전시켰다.

남월왕묘에 겹겹이 쌓여 있던 비단은 탄화가 진행되어 손으로 만지면 가루가 될 정도였지만 확대경을 통해 방직물의 조직 구조와 날염의 무늬를 여전히 볼 수 있다. 직물에는 몇몇 종류가 있다. 평직(平織)으로 짠 견(絹), 네모난 구멍무늬의 사(紗), 빗살 무늬의 기(綺), 조직이 복잡한 금(錦), 나(羅), 추사(縐紗) 등이 확인된다. 그리고 동경(銅鏡)과 옥벽(玉璧) 등 기물 위에서도 수공 편직으로 제작된 완대(緩帶), 나대(羅帶), 조대(組帶) 등의 편직물이 발견되었다. 기타 자수도 발견되었는데 '상황초박견(湘黃超薄絹)'이라는 자수는 경위 밀도가 1cm²당 320×80의 경선(經線)과 위선(緯線)으로 이루어져 육안으로는 확인하기 어려울 정도이며, 배율 10배가 넘는 확대경을 통해서만 또렷이 볼 수 있다.

비단의 퇴적층 두께는 20~30cm에 이르렀으며, 부장용 비단은 100필 이상, 접힌 겹수는 700여 겹이나 되었다. 또한 견직물로 포장한 부장품도 많은데, 300여 건을 넘는다고도 한다. 이렇듯 수량이 상당했을 뿐만 아니라 견(絹), 수견(繡絹), 주라(朱羅), 주견(朱絹), 소색금(素色錦), 융권금(絨圈錦) 등 제품의 종류도 상당히 풍부했다. 가장 특이한 점은 당시 남월국이 이미 기후 특성에 부응하여 영남 지역에서 요구하는 비단을 제조해낼 수 있었다는 사실이다. 예를 들어 위에 언급한 초세박견(超細薄絹)은 종이처럼 매끄럽고 평평한 점에 기초할 때 한대 문헌에서 칭송했던 이역(異域)의 '빙환(冰紈)'이었을 가능성이 매우 크다. 그리고 흑유견(黑油絹)은 견에 식물성 기름을 발라서 만든 것인데 겉모양이 매끄럽고 물이나 습기를 막을 수 있어 비가 많이 오는 지역에서는 이상적인 옷감이었다. 오늘날 빗물을 막는 방수 유포(油布)와 비슷하며 지금까지 알려진 것 중 최초로 기름을 발라 만든 유포인 것이다.

남월왕묘에서 출토된 사(紗) 가운데 칠면사(漆緬紗)는 윤기가 있고 검은빛을 띠며 검은 칠액(漆液)을 골고루 펼쳐 발랐다. 출토 위치로 볼 때 관모의 일부였던 것으로 보인다. 실제로 칠사(漆紗)로 관(冠)을 만들면 모양을 내기가 쉽고 아름다우면서도 산뜻하다. 또한 아광사(砑光紗)는 눌러 늘어트리는 압연(壓延) 기술로 제조되어 경위 조직이 치밀하고 틈새가 상대적으로 적다. 남월왕묘에서 출토된 아광사는 운모(雲母) 분말까지 칠하여 압연함으로써 가볍고 얇으며, 질기고 평평했으며, 운모 분말로 인해 광채를 띠었다. 이러한 운모 아광사는 의외로 중국에서 처음 발견되었다. 이외에 수견(繡絹)과 수사(繡紗)는 직물에 인공 자수를 장식한 것으로 방직 기술이 복잡한 융권금(絨圈錦)과 함께 고급 직물에 해당했다.

연구에 따르면 남월왕묘에서 출토된 견직물 중 일부는 서한 조정에서 선물한 것이지만 대부분 남월국에서 직접 제작한 것이다. 따라서 남월국이 이미 상당 규모의 발달된 견직제조업을 향유했음을 알 수 있다.

이러한 고고학적 발견에 기초하여 일부 학자는 남월국 시기 영남에서 생산된 비단은 마왕퇴한묘 출토로 대표되는 장사국(長沙國)에서 생산된 직물에도 절대 뒤지지 않으며, 광둥 현지에서 품질 좋은 비단의 대량생산이 기이한 일이 아니라고 지적한다. 이상에서 언급한 여러 조건으로 인하여, 광둥의 비단 생산은 이른 시기에 시작되어 성숙 단계에 이르렀고 이후로 끊임없이 전승됐으며, 중국 비단 문화에서 독보적인 자리를 차지하며 무수한 아름다움을 발할 수 있었다.

3장

금륜회관과
광둥 견직업의
지속 발전

진한 시대에 시작된 광둥 비단 생산은 이후 2,000년 동안 지속 발전함으로써 근대 이래 광둥 견직업의 비약적 성장을 위한 충분한 토대를 제공했다. 금륜회관 관련 자료와 기타 곳곳에 드러나 있는 정보로부터 우리는 생산자에서 제품의 교체까 지, 다시 각종 생산 및 무역 기관의 변화에 이르기까지 몇 가지 분명하고 풍부한 역사적 실마리를 정리해낼 수 있다.

1절 교인과 노미낭에서 기공·기호·자소녀까지

고대의 각종 문헌에는 항상 신비스러운 교인(鮫人)이 언급된다. 이 교인은 사실 최초로 출현한 영남의 견직 장인이자 오늘날 광동 견직업계의 조상이다.

교인은 물고기 꼬리와 사람의 몸을 하고 있으며, 고대에는 항상 영험한 인어로 여겨졌다. 가장 이른 시기의 기록은 진대 간보(干寶, ?~?)가 쓴 『수신기(搜神記)』에 나타나며, 여기에는 "남해 밖에 교인이 있어, 물고기처럼 물에서 살면서 방직을 쉬지 않고 한다. 울면 눈물이 구슬로 변한다(南海之外, 有鮫人, 水居如魚, 不廢織績, 其眼泣, 則能出珠)"라고 언급되어 있다. 이 전설은 『박물지(博物志)』와 『술이기(述異記)』에도 수록되어 있으며, 단지 약간의 차이를 보일 뿐이다. 『술이기』 권상(卷上)에는 "교인은 곧 천선(泉先)이며, 일명 천객(泉客)이라고도 한다. 남해에서는 교초사(鮫綃紗)가 산출되는데 이것은 천선이 물속에서 짠 것이다. 일명 용사(龍紗)라고도 하며, 값은 백여 금에 이른다. 이것으로 의복을 만들면 물에 들어가도 젖지 않는다. 남해에는 용초궁(龍綃宮)이 있는데, 그곳이 바로 천선이 초(綃)를 짜는 곳이다. 그가 짠 초는 서리처럼 백색을 띤다(鮫人卽泉先也, 又名泉客. 南海出鮫綃紗, 泉先潛織, 一名龍紗, 其價百餘金. 以爲服, 入水不濡. 南海有龍綃宮, 泉先織綃之處, 綃有白之如霜者)"라고 언급했다. 『태평어람(太平御覽)』 권803에도 『박물지』를 인용하여 "교인은 물에서 나와 인가에 거주하면서 매일 견(絹)

을 팔았다. 떠날 때는 주인으로부터 그릇 1개를 청하여 눈물을 흘려 구슬을 가득 채운 후 주인에게 주었다(鮫人從水出, 寓人家, 積日賣絹. 將去, 從主人索一器, 泣而成珠滿盤, 以與主人)"라고 기록했다.

이러한 내용을 종합하면, 교인은 사람의 모습을 하고, 남의 집에 얹혀살며, 방직을 잘하고, 부지런하고 착하다. 비록 물에 거주하고 눈물이 구슬로 변한다는 황당무계한 이야기가 포함되었지만 인간의 생활 모습을 잃지 않고 있다. 사실 이는 초기 영남 연해 광저우 등지의 견직업계에서 보여준 일반 노동자들의 모습을 형상한 것이었다. 외진 남해 연안에 위치했기에 그들에 대한 중원 사회의 접촉과 이해가 극히 부족했다. 그리고 그들이 만든 교사(鮫紗)는 매우 가볍고 부드러우며 물에 들어가도 젖지 않고 정교하고 아름다워서 기술적으로 중원 사회에서는 칭송이 자자했다. 이처럼 신화의 외피를 걸치면서 중원의 신화나 전설 가운데에서도 고전이 되었다.

그뿐 아니라 중국 문헌에서 교인 전설은 수많은 아름다운 고사를 탄생시켰다. 일례로 빙초청루(冰綃淸淚), 교인읍주(鮫人泣珠), 해상득초(海上得綃), 교반천점(鮫盤千點), 교인우읍(鮫人雨泣), 옥반진루(玉盤進淚) 등이 있다. 이러한 고사들은 문학 작품에 녹아들었고 문인 묵객들이 자주 쓰는 소재가 되었다. 당나라 때 유명한 시인인 이기(李頎, 690?~751)는 「교인가(鮫人歌)」라는 시에서 다음과 같이 노래했다.

鮫人潛織水底居, 側身上下隨遊魚.
인어는 물속에서 비단 짜고 사는 것도 물밑인데
옆으로 누워 오르락내리락하면서 노니는 물고기를 따르네.

輕綃文彩不可識, 夜夜澄波連月色.

가벼운 초의 무늬는 알 수 없지만

밤마다 달빛에 어리는 맑은 파도만이 찰랑거릴 뿐이네.

有時寄宿來城市, 海島靑冥無極已.

때로 기숙하려고 도시로 나오는데

바다와 섬이 맞닿은 푸른 하늘은 끝난 데가 없네.

泣珠報恩君莫辭, 今年相見明年期.

눈물로 만든 진주로 은혜에 보답하고자 하니 그대는 사양 마오.

금년에 서로 만났으니 내년에도 다시 만나길 기약합니다.

始知萬族無不有, 百尺深泉架戶牖.

이제 알게 된 것은 없는 것 없이 모든 어족이

백 척 깊은 샘에 집을 지었다네.

鳥沒空山誰復望, 一望雲濤堪白首.

새조차 없는 빈 산에 누구를 또 기다릴까.

오로지 파도와 바다를 바라보며 흰 머리카락이나 견뎌보세.

강익인(康翊仁, ?~?)도 「교인잠직(鮫人潛織)」이라는 작품에서 다음과
같이 노래했다.

珠館馮夷室, 靈鮫信所潛. 幽閑雲碧牖, 滉漾水精簾.

주관과 풍이실은 교인이 사는 곳이요.

그윽하고 푸른 창에 수정 발은 넓고 넓네.

機動龍梭躍, 絲繁藕淬添. 七襄牛女恨, 三日大人嫌.

베틀이 움직이면 용처럼 북이 뛰고 실이 감기면 연뿌리처럼 그릇을 채우네.

직녀성 일곱 번 자리를 옮기니 견우직녀가 원망하고 시어머니는 사흘도 늦다고 불평

하네.

透手擊吳練, 凝冰笑越縑. 無因聽劄劄, 空想濯纖纖.

손바닥 비출 정도로 투명함은 오(吳) 땅 명주도 물리치고 얼음 언 것처럼 새하얌은

월(越) 땅 비단도 비웃네

하릴없이 베틀북 오가는 소리 듣고, 멍한 눈으로 고운 비단을 씻네.

이는 중원 지역 신화 세계에서 살았던 시인들이 우리에게 광둥 비단

생산의 빛나는 역사를 새롭게 일깨워준 것이었다.

역사의 발전과 생산의 진보가 이루어지면서 광둥 비단 생산 분업은

더욱 세분화하고 기술도 더욱 발전하였으며 생산된 제품 역시 더욱 풍부

해졌다. 당송(唐宋) 시기에 이르러 광둥 비단 생산에 종사하는 이들 가운

데 자수의 명수가 나타났다. '자수신고(刺繡神姑)'라는 칭호의 노미낭(盧媚

娘)은 바로 그러한 여성 중 한 명이었다.

노미낭이라는 여성은 당대에 남해(南海, 현재의 광저우)에 살았다.

소악(蘇鶚, ?~?)의 『두양잡편(杜陽雜編)』에 의하면, 영정(永貞) 원년(805)에

남해에서 노미낭이라는 기이한 여인을 바쳤는데 비단 1척(尺)에 『법화경』

일곱권의 내용을 자수로 새길 만큼 손재주가 뛰어났다. 글씨 크기는 좁쌀

보다 작았지만 점이나 선이 모두 분명했고, 머리카락보다 가늘었다. 제목
과 구절도 모두 빠짐없이 새겨 있었다. 특히 비선개(飛仙蓋)에 뛰어났는데
실 한 올을 세 올로 나누고 오색(五色)으로 물들인 후 손바닥으로 비개(飛
蓋)를 5겹으로 엮었다. 그 안에는 십주(十洲), 삼도(三島), 천인(天人), 옥녀
(玉女), 누대와 전각, 기린과 봉황 등의 모습이 있었고, 다시 그 밖에 깃발
과 부절을 든 동자가 천여 명 늘어서 있다. 비개는 넓이 1장(丈)에 무게가
3냥(兩)이 못 되었다. 순종(順宗, 761~806, 재위 805)은 그녀의 뛰어난 재
주를 칭찬한 후 '신고(神姑)'라는 이름을 지어주고 궁궐에 머물게 했다. 원
화(元和, 806~820) 연간에도 헌종(憲宗, 778~820, 재위 805~820)이 금봉
환(金鳳環)을 하사했다. 그러나 노미낭이 궁에서 살기를 원치 않았기에 도
사가 되게 하여 남해로 돌려보내면서 소요(逍遙)라는 호를 내려주었다. 이
후 송대 장군방(張君房, ?~?)의 「운급칠첨(雲笈七籤)」과 청대 굴대균(屈大
鈞)의 『광동신어(廣東新語)』 등이 모두 노미낭에 관해 기술했다. 그녀의 영
향이 매우 컸음을 알 수 있다.

　　광동 지방에도 노미낭에 관한 전설이 있는데, 그 내용은 더욱 풍부하
다. 전설에 따르면 그녀의 조상은 북조 후위(後魏) 황제의 스승으로 중원
정세가 불안한 틈을 타 전란을 피해 남방으로 이주하였다. 당대에 이르러
노씨 집안은 쇠약해졌고, 노미낭에 이르러 이미 평범한 집안이 되었다. 그
녀의 진짜 이름은 아무도 몰랐지만 다만 성이 노씨이고 눈썹이 길고 푸르
렀기에 모두 노미낭이라고 불렀을 뿐이다. 예전에는 여자가 시집가기 전
에 친정에서 바느질이나 자수 등 여성들이 해야 할 일을 배우게 되는데 노
미낭도 어려서부터 집에서 바늘에 실을 꿰는 법을 배웠다. 배움이 빠르고
영민하여, 금세 기술이 주변 자매들을 능가했고, 뛰어나고 정교한 자수 공
예를 몸에 익혀 동네에서도 노미낭을 흠모하였다.

마찬가지로 영정 원년에 어떤 사람이 남해태수(南海太守)에게 관내에 기이한 여인이 있으며, 그녀는 보통 사람들이 하기 어려운 자수 기술이 있다고 보고했다. 남해태수는 반신반의하며 직접 노가(盧家)를 찾아가 노미낭의 신기한 손재주를 직접 보고자 했다. 노미낭은 태수 앞에서 손수건에 『법화경』을 수놓았다. 그녀의 양손은 손수건 위에서 마치 날아다니는 북처럼 꿰뚫고 다녔으며, 곧 일곱권의 『법화경』이 손수건에 드러났다. 태수는 노미낭의 뛰어난 자수 솜씨에 놀라 황제에게 천거했다. 노미낭은 뛰어난 자수 솜씨로 궁중에서 '자수신고'라는 칭호를 얻었다. 그러나 궁중 생활의 지나친 속박으로 노미낭은 궁중에 머무르기를 원치 않았으며 남해로의 귀향을 황제에게 요청했다.

노미낭은 귀향 후 더욱 열심히 자수공예에 매진하여 최초로 공작모직(孔雀毛織)을 실로 만들었고 수많은 황금빛과 청록빛의 눈부신 자수를 제작했다. 멀고 가까운 지역의 처녀들이 노미낭의 기이하고 고운 자수법을 흠모하며 너도나도 찾아와 배웠는데 그 기술을 습득한 자가 매우 많았다. 이로 인해 남해 자수는 전국적으로 유명하게 되었으며, 남해는 광둥 자수 발원지 가운데 하나가 되었다.

명청 시대에 이르러 광둥에서 비단을 생산하는 사람들은 점점 더 많아졌다. 생산 기술의 지속 발전으로 인해 광둥 비단은 곧 국내외에 유명해졌으며, 비단 생산자들의 모습도 일상에서 더욱 친숙해졌다. 이때 강남(江南) 쑤저우 지역 견직업에서는 자본주의가 싹트기 시작했으며, '기호(機戶)가 자금을 낸다(機戶出資)', '기공(機工)이 힘을 낸다(機工出力)'와 같은 현상을 출현시켰다. 그리고 당시 광저우에서는 종사자 집단 간의 구분이 더 세밀해졌다. 광저우의 기행(機行)은 청 옹정(雍正) 연간부터 시작되었는데, 당시에는 항저우의 스승을 통해 기행의 경험들이 광저우에 전수되었다.

기행은 고용관계에 따라 서가(西家)와 동가(東家)로 나뉘는데, "동가행(東家行)은 기업주 조직이었고, 서가행(西家行)은 노동자 조직이었다. 서가행은 전성기에 노동자가 3, 4만에 달하였고, 견직 공장은 상시관(上西關), 하시관(下西關), 샤지우푸(下九甫), 십삼행(十三行) 일대에 광범위하게 분포했다. 후에 상시관의 견직 공장이 출자자에 의해 점포로 임대되면서 견직 공장은 점점 상시관으로 모여들었다."

기행에는 '방기(放機)', '남두(攬頭)', 노동자의 3가지 구분이 있다. '방기'는 비단 판매상이며 남두에게 원료를 공급하고 일꾼을 고용하여 직조하게 하고, 제품이 완성된 후에 판매를 진행한다. 남두는 기업주이며 건수에 따라 값을 받는다. 서가행의 "노동자가 기행에 들어가고자 하면 기술 등급과 급여 소득에 따라 회비를 납부해야 한다. ……기술 등급이 오르면 회비도 증가한다. 노동자가 납부한 비용은 기행 내의 공금으로 충당되며, 각종 공공지출로 사용된다." "서가의 기행마다 규정이 있으며, 모두 규정을 지켜야 한다. 규정을 심하게 어기면 해고되고 기행에서 나가야 한다. 기행에서 나간 사람은 다른 기행도 받아들이지 못한다." "각 기행은 1년에 네 번 아제(牙祭)[05]를 지내는데 각기 정해진 일자가 있다. 아수(牙首)는 노동자들로부터 돈을 거두어 연회를 개최하는데 번갈아 가며 담당한다." 상술한 자료 가운데 금륜당, 기방자(機房仔), 동가행, 서가행 등에 관한 서술을 종합해 보면, 대체로 청대 주강(珠江) 삼각주 지역 견직업 동업자 조직

---

05 (역자주) 아제(牙祭) : 주아(做牙)라고도 한다. 푸젠, 타이완, 광둥 지역에 널리 퍼져 있다. 보통 음력으로 매월 1일과 15일, 혹은 2일과 16일에 토지신인 토지공(土地公)에게 제사를 지내고 온 가족이 모여 윤병(潤餠)과 예포(찌包)를 먹는다. 1년 중 첫 아제는 음력 2월 2일에 지내는데 이때의 아제는 '두아(豆牙)'라고 한다. 1년 중 마지막 아제는 음력 12월 16일에 지내는데 이때의 아제는 '미아(尾牙)'라고 한다. 특히 상공업계의 전통에 있어 아제는 음력으로 매월 2일과 16일에 직원이나 노동자들에게 고기를 내어주는 날이기도 하다.

의 모습을 그려낼 수 있다. 1999년 금륜회관 비문의 발견으로 이러한 모습을 더욱 생생하고 상세하게 볼 수 있게 되었다.

당시 기공은 '기방자(機房仔)'로도 불렸다. 이들은 광둥 비단 생산 업무를 주로 담당하였을 뿐만 아니라, 사회 발전을 위해 다른 여러 공헌을 했다. 기록에 의하면, 1840년 광둥 지방 민중들은 기세등등하고 적의 간담까지 서늘하게 한 산위엔리(三元里) 항영(抗英) 투쟁 활동을 자발적으로 조직했다. 당시 "금륜당이 자금을 대고, 기방자와 돌을 다루는 석공이 힘을 보태"었고, 이를 통해 반침략 투쟁의 주력이 되는 조직을 꾸렸다.

근대에 들어 광둥 견직업이 계속 발전하면서 잠사업 역시 더욱 중요해졌다. 특히 1860년대 견직업계에 기계생산이 도입되면서 주강 삼각주에는 우후죽순처럼 제사(製絲) 공장 건립 열풍이 일었다. 특히 광저우 인근의 순더(順德), 난하이(南海) 등은 전성기에만 제사 공장이 수백 곳을 넘을 정도였다. 섬세함을 요하는 제사 작업은 부녀자에게 더욱 적합한 것이었는데, 제사 공장들이 많은 인력을 모집하게 되었고, 광둥에는 새로운 생산자 집단인 자소녀(自梳女)가 등장했다.

자소녀는 근대 제사 공장에서 제사 작업에 종사하는 여성 생산자를 통칭한 것이다. 광둥에서는 흔히 '고파(姑婆)'라고 하였는데, 이는 결혼하지 않는 여성을 가리킨다. 제사 작업의 급여가 후한 편이었으므로 여성 노동자들은 비교적 독립적인 경제 지위를 갖출 수 있었다. 동시에 주강 삼각주 지역이 구미권 문화에 물들면서, 이들은 전통적인 혼인 사상인 삼종사덕(三從四德)에 반항하는 의식을 형성했다. 이들은 공장 취직 후 결혼 적령기가 되어도 아무렇게나 결혼하는 것을 원하지 않았다. 종종 스스로 머리를 틀어 올려 쪽을 짐으로써 죽을 때까지 시집가지 않겠다는 뜻을 드러내기도 했다. 민국 초기, 후푸안(胡樸安, 1878~1947)은 『중화전국풍속지(中

華全國風(俗志)』에 다음과 같이 서술했다.

> 판위(番禺)는 토지가 비옥하고 거주민 대부분은 양잠과 견직업에 종사하는데 빈부 차이가 없다. 여자들은 모두 뽕잎을 채취하거나 실을 뽑을 수 있는데 일당이 많은 경우 7~8각(角)에 이르렀다. 시골의 생활 수준은 도시처럼 높지 않으니 혼자서 먹고 살기에 여유가 있다. 그들은 기댈 곳이 있는 데다 시집가는 것을 큰 치욕으로 여겼기 때문에 결국 결혼하지 않겠다고 서로 약속했다.

어떤 여성들은 명목상으로 남자와 결혼하기도 했다. 절대 남자의 집에서 생활하지 않지만 계약에 따라 정조를 지켰고, 다른 남자와 결혼하지 않았으며, 밖에서 일할 때도 가급적 이성과의 접촉을 피했다. 그리고 말년에 생을 다하면 남자의 집 선산에 안장되어 집으로 돌아왔다는 것을 표하였다. 수많은 미혼 여성은 말년에 집에서 생을 마감할 수도 없었고, 집에서도 그녀의 신주 위패를 모셔둘 수 없었다. 그래서 이들이 늙고 몸이 쇠약해지면 '여자옥(女仔屋)' 혹은 '고파옥(姑婆屋)'으로 거처를 옮겨 그곳에서 생을 마감했다.

19세기 말에서 20세기 초에 주강 삼각주 지역의 제사 공장은 전성기를 맞이했다. 아울러 제사 여공도 많이 증가했다. 이로 인해 자소(自梳)는 광둥에서 상당히 유행하는 풍습의 하나가 되었다. 그들은 근면과 재치로 광둥 제사업계 발전과 번영을 촉진하기도 하고, 한편으로 자신의 독립을 추구하고 결혼의 속박에 저항하면서 중국 사회 풍습의 현대화에 선두주자가 되었다. 특히 순더에서는 가정에서 탈출하여 결혼을 거부하는 자주적 삶이 상당한 사회적 풍조를 이뤘다.

현재 순더에는 당시 남겨 두었던 '고파옥'이 아직도 보존되어 있으

〈그림 1〉 당시 아름답고 독립적인 자소녀의 모습 〈그림 2〉 고파옥-빙옥당

며, '빙옥당(冰玉堂)'은 가장 유명한 고파옥 가운데 하나이다.

1948년 쥔안진(均安鎭) 샤터우촌(沙頭村)에 건립된 빙옥당은 주강 삼각주 지역 자소녀의 역사를 실증해주는 곳으로 간주된다. 면적은 1,000㎡에 이르며, 2층 높이이다. 1970년대 고향으로 돌아온 해외 자소녀가 점점 증가하여 가장 많을 때는 70여 명이 이곳에 거주했다. 1991년에 이르러 당시 생존한 자소녀 60여 명과 관련 기관이 공동으로 기부하여 빙옥당을 중수했다. 당시의 빙옥당에는 이미 아무도 살지 않았다. 2012년 12월 25일에는 현판식과 함께 '자소녀' 박물관을 건립했으며, 동시에 성급문물보호단위(省級文物保護單位)로서 외부에 무료로 개방했다. 1층은 원래 자소녀들이 모이는 장소이자 자소녀의 신위를 모셔놓은 곳이었다. 2층은 예전에 자소녀의 침실이었는데 지금은 자소녀의 수공예품, 액세서리, 증서 등을 전시하여 시민들이 관람할 수 있게 했다.

순더 지역의 문화연구학자 리지엔밍(李建明)은 이렇게 언급하고 있다. 빙옥당은 지금까지 온전히 보존된 특수한 역사 문화이며, 마지막 자소녀들은 '자소녀 문화'를 연구하는 데 가장 진귀한 자료이다. 박물관 건립을 통해 이러한 역사는 완전하게 재현되고 복원되었다. 자소녀의 이야기는 여러 차례에 걸쳐 스크린에 등장하기도 했다. 예를 들어 1996년에 홍콩은 「자소녀」라는 영화를 전문적으로 제작해 자소녀의 세계를 세밀하게 묘사하고 탐색했다. 영화는 당시 양잠 생산과 제사, 그리고 비단 교역의 전 과정을 실감나게 재현하였고, '자소녀'가 빚어낸 문화적 배경을 좀 더 사실에 가깝게 형상화하여 시각적으로 드러내었으며, 비단 생산이 근현대 인성의 각성과 인격의 독립을 촉진한 기능을 밝혔다. 자소녀는 그 시대 여성 독립의 대명사였다고 할 수 있다.

2절 사시·사행·경사행

명청 시기에 이르러 광둥의 견직물 생산은 점차 세밀하게 분업화되고 관리체계도 한층 더 완비되면서 견사(絹絲)의 구입에서 제사(製絲)에 이르기까지 모두 전문 인력이 담당하게 되었다. 청대 주강(珠江) 삼각주 지역의 잠사(蠶絲) 시장은 상시(桑市), 잠지시(蠶紙市), 견시(繭市), 사시(絲市) 및 견직물 시장으로 구성되었다. 일부 농민은 전문적으로 뽕나무의 묘목을 길렀는데, 뽕나무 농가는 이를 사다가 재배하여 수확한 뽕잎을 시장에 공급하였다. 양잠 농가는 뽕나무 농가에서 뽕잎을 구입할 뿐만 아니라 누에 종자를 취급하는 업자에게서 누에의 알을 붙인 종이인 잠지(蠶紙)를 구입하여 누에를 직접 사육하기도 하였다. 양잠 농가가 누에고치를 팔면 실을 잣는 농가에서 그 누에고치를 사다가 물레로 실을 뽑았다. 사시(絲市)의 사상(絲商)은 이렇게 만들어진 견사(絹絲)를 구매하여 다시 견직물 업자에게 판매하였고, 각종 견직물을 제조하는 재료로 쓰였다.

사시(絲市)와 사허(絲墟)[06]는 주강 삼각주 지역에서 생사(生絲)를 전문으로 거래하던 시장이며, 정기적으로 정해진 장소에서 열리던 농촌 정기시장과 같은 성격을 지니고 있었다. 사행(絲行)이란 이러한 시장에서 특히 생사를 거래하던 중간 상인을 가리킨다. 명청 시기에 광둥의 양잠업과

---

06 (역자주) 허(墟) : 중국 남방에서 '장터'를 뜻한다.

상품경제가 일정 수준까지 발전하면서 생사만 전문적으로 취급하는 시장과 중개업자가 잇따라 나타났다. 주강 삼각주 지역의 생사 거래는 사행이 주도하는 무역에 집중되었다. 누에치기가 발달한 중심지는 대개 사시와 비단시장[絲墟]이 열리던 곳이었고 보통 사행이 있었다. 농민이나 수공업자가 생사를 가지고 시내에 팔러 가면 생사의 큰 묶음[捆]마다 -작은 묶음[束]의 수량과는 상관없이- 모두 수수료를 징수한 다음에야 매매할 수 있었다. 아울러 생사의 거래를 돕던 중개상인도 있었다. 생사 시장에서 거래가 성사되면 구매자(실제로는 판매자)는 지불한 비용에서 1%를 공제했는데, 여기에서 20%는 중개상인에게 보수로 지급되고 나머지 80%는 판매자 대신에 무명 끈을 구입하거나 운송하는 비용으로 사용되었다.

그밖에도 사행은 은가로 100원(元) 어치 비단마다 별도로 7각(角)을 수수료로 징수하여 사시의 비용으로 사용하였다. 난하이현(南海縣) 지우장(九江)의 "유림문사(儒林文社) 비단시장은 대규모 시장의 중심에 있었다. 가경(嘉慶) 4년(1799) 기미년에 향리 신사(紳士)들이 관헌에게 청원하여 공설되었다. 생사, 잠지, 사포(沙布)가 모두 여기에서 판매되었다. 해마다 점포에서 취해다가 지역 사인(士人)의 빈흥(賓興)·응시(應試)·과문(課文)에 소요되는 비용으로 지급하였다"라는 기록과 순더현(順德縣) 롱산향(龍山鄉)에서는 "누에고치에서 뽑은 실은 대개 스스로 뽑지 않고 점포에서 구입한 것이었다. 매달 1일, 4일, 7일을 시장이 열리는 날로 정하여 매번 비단 값을 수만 냥으로 거래한 까닭에 생사에서 얻는 이익이 더욱더 늘어났다고 한다"라는 기록에서 알 수 있듯이 사행의 출현은 생사를 전문적으로 거래하는 장소를 제공했을 뿐만 아니라 정기적으로 열리는 사시에서도 지역 생사에서 얻을 수 있는 이익을 증대시켰다. 동시에 사시에서 중개상인이 등장하여 수수료를 징수하였고, 또한 지역민들에게 또 다른 이익을 가져다주었다. 예컨대 지역의 사인이 과거에 응시하는 비용을 제공할 수 있었다. 요컨대 사행의 출현은 광둥 견직물 산업의 관리체계가 얼마나 발전했는지를 보여주는 상징적인 사례라 할 만하다.

한편 경사행(經絲行)은 사행(絲行)과 달리 견직물을 생산하는 영역에 속했다. 사행과 거의 동시에 광둥의 견직물 업계도 큰 발전을 이룩하였다. 명 중기 광저우에는 사단행(絲緞行), 십색단행(什色緞行), 원청단행(元青緞行), 화국단행(花局緞行), 저단행(紵緞行), 조릉행(綢綾行), 난간행(欄杆行), 기사행(機紗行), 두사행(斗紗行)과 같은 조직이 있었고, 당시 성내 방적 수공업장의 규모는 2만 5,000칸 이상이었다. 1723년부터 1735년 사이에 광저우 시관에만 해도 방직기계의 숫자가 1만 대를 넘어섰고 견직물 생산자는 수만 명에 달하였다. 견직물 제조와 관련된 분업체계도 더욱 진전되었다. 당시 견직물을 짜던 제조업계, 즉 기행(機行)은 제품의 종류에 따라 다섯 개의 행으로 나뉘어 있었다.

첫째 행은 망포행(蟒袍行)으로 조포행(朝袍行)이라도 한다. 견직업 중에서 가장 오래된 업종으로 완성품은 오직 조정에만 공급했으며 문양에는 용과 봉황 그리고 호랑이 등이 있었다.

둘째 행은 십팔행(十八行)으로 여덟 가닥의 씨실로 한 치를 짠 후에 다시 십자수를 놓는다(여기에는 팔사단(八絲緞, 즉 수자직(繻子織))이 포함된다). 여섯 행은 다시 30개의 사행(絲行)으로 나뉜다.

셋째 행은 십일행(十一行), 즉 여덟 올의 생사에 다시 세 올의 생사를 더했기 때문에 십일행이라 불렸다. 여기에 종사하는 공인은 팔사(八絲) 기술에 숙련되어 있을 뿐만 아니라 삼사(三絲) 사문조(斜紋綢, 빗금무늬의 비단)를 짜는 기술도 있었다. 육행 중에서 약 9개의 소행(小行)으로 나뉜다.

넷째 행은 전채행(全彩行)으로 향운사(香雲紗)를 전문으로 제조하였다.

다섯째 행은 광사행(廣紗行)으로 구광사(舊廣紗), 신광사(新廣紗), 삼사(三紗)가 있어 소사행(小四行)이라 통칭했다.

이전과 비교하여 이때에는 견직물의 생산관리는 거대한 진보를 이루었다. 분업이 세분화되고 관리체계가 개선되었으므로 광둥의 견직업은 경쟁이 치열한 대외무역 속에서도 늘 선도적 위치를 차지하곤 하였다.

3절 교초에서 광사로

광둥의 견직물 제품 중에서 특히 사주(紗綢) 종류는 주목할 만하다. 광둥에서 사주를 생산하기 시작한 것은 매우 오래되었다. 남월왕(南越王) 의 묘에서 출토된 사주는 전한(前漢) 시기에 이미 사가 출현하였고 그중에 서도 칠면사(漆緬紗)와 아광사(硏光紗)의 존재는 그 제작 수준이 놀라울 정 도임을 증명해준다. 앞서 서술한 바와 같이 전설상의 교인(鮫人, 전설상에 남해에 산다는 인어)이 만들었다고 하는 교초(鮫綃)는 장구한 고대사회 속 중원 한인(漢人)의 아름다운 심상과 강렬한 갈망을 끌어내고 있다.

교초는 더러 교초(鮫鮹)나 교초(絞綃)라고도 하는데, 전설상의 교인 이 만들었다고 하는 견직물을 가리킨다. 남북조시대 양(梁)의 임방(任昉, 460~508)이 저술한 『술이기(述異記)』의 권상에 따르면, "남해(南海)에는 교초사(鮫綃紗)가 난다. 천실(泉室, 교인(鮫人))이 물속에서 짠 것을 일명 용 사(龍紗)라 한다. 그 값어치는 100여 금에 이른다. 의복을 만들면 물에 넣 어도 젖지 않는다"라고 하지만, 실은 대단히 가볍고 얇은 사주(紗綢)였다. 당대(唐代)의 시인 온정균(溫庭筠, 812?~866?)이 지은 『장정완채련곡(張靜 婉采蓮曲)』을 보면 "손아귀에 힘이 없어도 무의(舞衣)는 가볍고, 끊어놓은 교초는 푸른 봄보다 아름답네"라고 묘사하고 있어 그 재질이 가볍고 더할 나위 없이 최상의 품질임을 알 수 있다.

송대(宋代)의 여성 장옥낭(張玉娘, 1250~1277)이 지은 '교초로 만든 손수건[鮫綃帨]에 따르면, "반폭짜리 생초는 차가운 눈꽃 같고, 교인이 서로 선물하는데 낭간(琅玕, 옥과 같이 귀한 돌)과도 같네. 화청지(華淸池)에서 목욕을 마치고 은총에 애교 부리며, 남포에서 슬퍼할 적에는 거센 비가 노래하네(半幅生綃雪色寒, 鮫人相贈比琅玕. 華淸浴罷恩波媚, 南浦傷時詠雨斑)"라고 하여 새하얀 부분이 많아 마치 추위를 부르는 눈과 같아 더운 계절과 지역에서 착용하기에 대단히 적합하다고 하니 남쪽 지방에서 유행했을 것이 틀림없다.

교초는 의복용 이외에도 다양한 용도가 있었다. 육유(陸游, 1125~1210)는 일찍이 "눈물 자욱 연지를 타고 붉게 물드니 교초마저 뚫었어라(涙痕紅浥鮫綃透)"라고 노래했다. 『홍루몽(紅樓夢)』의 등장인물 임대옥(林黛玉)도 손수건을 주제로 시를 지으면서 "작은 교초 손수건 애써 선물한다(尺幅鮫綃勞解贈)"라고 하였다. 교초는 보통 손수건으로 재단하여 여성의 필수품으로 삼았음은 의심의 여지가 없다.

교초는 장막을 만들어 걸 수도 있었다. 『홍루몽』 제92회에는 "교초로 만든 장막"이란 물품이 묘사되는데, 이를 겹겹이 쌓으면 마치 "한 묶음의 람사(藍紗)와 같은데 …… 길이는 5촌에 미치지 못하고 두께는 반촌을 넘지 않는다"라고 한다. 이를 "한 겹씩 펼쳐다가 열 겹 정도 펼치게 되면 이미 탁자 위에 깔 수가 없다"라고 한다. 그리고 "안에는 두 겹이 더 있어, 반드시 고가 높은 방에 가야 펼쳐 늘어뜨릴 수 있다. 이는 교사로 짠 것으로, 무더위에 응접실 안에 펼쳐 놓으면 파리나 모기 한 마리도 들어오지 못하며, 가볍고도 투명하다"라고 소설 속 혹자는 소개하고 있다. 또한 그는 교초가 진귀한 헌상품이며 그 가치는 은 5,000냥에 상당한다고 말하였다.

교초는 휘장을 만들어서 수레에도 사용할 수 있었다. 『경화연(鏡花緣)』의 제94회에는 "수레는 버드나무로 창살 형태를 만드니 매우 가볍고 정교하다. 둘레에는 모두 교초로 천막을 둘렀고 수레 안 사방에는 나침반을 두었다"라고 묘사하였다.

교인(鮫人)과 마찬가지로 교초는 고대의 문사들에게 찬사를 받는 대상이었다. 이에 육유는 「채두봉(釵頭鳳)」에서 "붉그레한 부드러운 손에 누런 황등주, 성 가득 만연한 봄날, 궁궐 담장의 버드나무, 동풍이 나빴던가 즐거움도 잠시, 한번 품은 수심 어언 몇 해나 서로 떨어졌었나. 잘못되었네, 잘못되었네, 잘못되었네. 봄은 예전과 같은데, 사람만이 홀로 야위어 연지 바른 얼굴에 흐르는 붉은 눈물이 교초를 적시누나. 복숭아꽃 떨어지고 연못가의 누각은 한가로운데, 산처럼 굳은 맹세 있다 한들 글로는 전하기가 어렵네. 끝이구나, 끝이구나, 끝이구나"라며 사람들의 심금을 울린다. 임대옥이 지은 시에도 "바다 안개 잠잠한 곳에 저녁놀 지고, 교초 짜는 북 움직일 때마다 눈물 곁들여 짜네(海煙沉處倒殘霞, 一杼鮫綃和淚織)"라고 하고 있다. 이처럼 새하얗고 조밀한 견직물은 마치 수많은 여인의 섬세하고 가녀린 마음속으로 짜들어가지만 결국 슬픔에 사로잡혀 풀지 못한 듯하다.

당대 전기(傳奇) 중 하나인 『소광(蕭曠)』은 훨씬 더 다양한 정보를 제공해준다. 이에 따르면 "초자(綃子)를 잘 짜는 물속 깊은 곳"에서 "초(綃)를 짜는 낭자"가 서생 소광과 헤어지면서 자신이 직접 짠 경초(輕綃)를 보내어 기념하면서 소광에게 "호인(胡人)이라면 만금을 주어야 살 수 있다"라고 한다. 이는 교초가 외국인에게 파는 물품이자 남방 해상의 대외무역에서 중요한 상품이었고 외국 상인들에게도 진귀하게 여겨졌음을 방증하는 사례이다.

이처럼 신화적 색채로 가득한 교초는 실제로 뒷날 천하에 이름을 크게 떨치는 '광사(廣紗)'에 다름 아니며 오래전부터 광동 비단의 무한한 매력을 뽐내었던 것이다.

광사가 다시금 큰 발전을 이룩한 시기는 명 중기이다. 가정(嘉靖) 연간에 이미 "광사가 천하의 으뜸이다"라고 일컬어질 정도였다. 청 건륭『광저우부지(廣州府志)』에는 훨씬 더 명확하게 "광사가 천하의 으뜸이고 단(緞)이 그 다음이다"라고 단언하고 있다. 이 시기에 포산(佛山)에서 생산된 선사(綫紗) 등은 모두 품질이 우수한 광사 제품이었는데, 그 재질이 매우 부드럽고 가벼우며 색상이 선명하였다. 먼지가 끼거나 색이 바래지도 않을뿐더러 잘 구겨지지도 않아서 그 명성이 상당했고 제품은 국내외에서 널리 판매되었다. 굴대균(屈大均)은 아래와 같이 상세히 평가하고 있다.

> "광저우의 선사는 우랑주(牛郞綢), 오사(五絲), 팔사(八絲), 운단(雲緞), 광단(光緞)과 더불어 오령(五嶺) 이남(즉 광둥과 광시 일대)은 물론 베이징, 동양·서양에서 모두 진귀하게 여겨진다."

근대 이후 민국 시기가 되어서도 광사의 생산 규모는 계속해서 증가하였는데, 그중에서도 특히 포산 시차오진(西樵鎭)이 두드러졌다. 시차오진은 당시 동서양 전체의 생산기지가 되었다. 이와 동시에 광사는 혁신을 거듭하여 다양한 제품을 내놓았는데, 서랑사(薯莨紗)라는 품종은 주목할 만한 것으로 그중에서도 '향운사(香雲紗)'를 비롯한 제품은 소비자에게 더 많은 사랑을 받아서 일시적으로 전국을 풍미했을 뿐만 아니라 해외에서도 널리 판매되어 광둥 견직업의 명예를 한껏 드높였다.

4절 외국 상인과 사장·사행

진한시대에 개척된 해로를 기반으로 하여 광둥산 비단의 대외무역은 점차 발전했다.

남양 국가들과 민간에서 이루어진 무역은 진한시대에 이미 일정한 발전이 있었다. 서양 상인이 중국에 도래한 시기는 삼국시대로 거슬러 올라간다. 손권(孫權, 182~252, 재위 229~252)이 재위하던 시기에 대진(大秦), 즉 로마제국의 상인을 접대하였다. 이들은 홍해와 아라비아해에서 인도를 경유하여 다시 남해를 거쳐 영남(嶺南) 지역에 도착하였고, 지방 관리에 의해서 동오(東吳)의 도성 건강(建康, 현재의 난징)으로 호송되었다. 남북조시대에는 북방의 각종 호인이 중국에 침입하여 연달아 정권을 수립하였는데, 이에 따라 서방의 실크로드 교통이 차단되었다. 하지만 영가(永嘉)의 난으로 한인 정권이 남방으로 이동함으로써 개발이 촉진되었고, 교통과 생산도 크게 개선되었다. 동서의 상인들은 해로를 이용하여 왕래하였고 광둥을 경유하여 중국에 와서 무역하였다. 『송서(宋書)』 권97, 만이전(蠻夷傳)에는 아래와 같이 서술되어 있다.

"진(晉) 왕조가 남쪽으로 천도하면서, 하서(河西)나 농산(隴山)과 멀리 떨어지고, 오랑캐가 길을 막아 바깥 세계와의 교류가 단절되었다. 대저 대진(大秦)과 천축(天竺)과 같은 나라는 멀리 서쪽 끝에 있었기 때문에, 양한(兩漢) 시기에는 그 어려움을 감당해야 했는데, 이 길이 매우 고생스럽다고 여겼다. 교역할 상품과 재화가 간혹 교주(交州)에서 출발하여, 배를 타고 큰 파도를 넘어서 바람에 실려 먼 곳까지 이르기도 하였다. …… 그래서 선박이 계속해서 길을 이었으며, 상인들과 사신들은 서로 연결되었다."

서남이(西南夷) 가라타국(訶羅陀國, 현재의 수마트라 남부에서 자바 서부에 이르는 지역의 국가)은 송의 문제(文帝, 407~453, 재위 424~453)에게 광저우에 와서 통상하는 것을 직접 요청하였다.

"바라건대 성왕이시여, 멀리 변두리의 작은 나라까지 비호해주시고, 아울러 무역을 왕래할 수 있게 하여 막히지 않도록 해주시옵소서. …… 원하건대 광저우에 칙령을 내리시어 때맞춰서 배를 타고 돌아오도록 하고, 가는 곳마다 능욕과 침탈을 당하지 않도록 해주십시오. 원하건대 지금부터 이후로 해마다 사신을 보낼 수 있게 허가해주십시오."

동진의 승려 법현(法顯, ?~?)이 지은 『불국기(佛國記)』에 따르면 당시 상인들은 남방의 해로 사정에 밝았고 항해에 소요되는 시간도 정확하게 알고 있었다. 사자국(獅子國, 현재의 스리랑카)에서 지역 상인이 중국산 흰 부채를 불상에 공양하는 모습도 묘사되어 있다. 이를 통해 당시 중국의 견직물은 남아시아에 대량으로 수출되었을 뿐만 아니라 견직물 공예품 역시 널리 전해졌음을 알 수 있다.

수당시대에는 광둥 해상의 견직물 무역의 범위가 확대되어 당시 많은 수의 중국 상인이 광저우에서 출발하여 항로를 따라 정교하고 아름다운 견직물을 세계 각지로 운반하였다. 그뿐만 아니라 많은 외국 상인도 직접 광저우에 와서 견직물을 구입하였다. 이와 동시에 동서 무역의 규모도 크게 발전하였다. 당대의 고승인 감진(鑑眞, 688~763)은 일본으로 건너가기 전 광저우 주강(珠江)에서 정박해 있던 파라문(婆羅門, 인도), 파사(波斯, 페르시아), 곤륜(崑崙)과 같은 여러 국가의 선박들이 이루 다 헤아릴 수 없는 정도이며 향약과 보화를 비롯한 각지의 특산품이 산처럼 가득 실려 있는 것을 목격하였다. 혜초(慧超, 707~787)의 『왕오천축국전』 파사국 항목에도 "(파사국인들은) 늘 …… 배를 타고 광저우까지 가서 비단, 명주, 무명 같은 것을 가져온다"라고 쓰여 있다. 페르시아 상인들이 광저우에 가져온 것은 향료나 보화 등 세계 각지 특산품이었고, 그 대가로 받은 것은 중국산 견직물이었던 것이다. 또 하나 중요한 현상은 광저우나 교주와 같은 지역에서는 광둥 당국이 외국과의 무역을 전문적으로 관리하는 관원 -즉 시박사(市舶司)- 를 설치하였다는 것이다. 이는 황제에 의해 중앙에서 파견된 사직관(使職官)이었지만, 무역 업무를 전담하였고 오랜 기간에 걸쳐 제도로 정착됨에 따라 직책이 명확해졌다. 아울러 광저우 주강의 남쪽 연안에 출현하여 거주하기 시작한 외국 상인들이 공동체를 설립하여 거주와 체재에 도움이 되도록 하였다. 당시에는 번방(蕃坊)이라 불렸다. 이는 광둥 지역의 대외무역에 대한 중국 왕조의 관리체계가 질적으로 비약했음을 보여주는 사례이다.

송대에는 경제의 중심이 한지 남부로 이동함에 따라 국가의 재정 수입원 역시 남방에 의존하게 되었다. 남부 경제의 발전을 촉진하고 국고 수입을 늘리기 위하여 송의 통치자들은 앉아서 외국 상인이 오기만을 기다리는 이전의 소극적인 태도를 바꿔 관원을 파견하여 대량의 금은과 비단을 가지고 해외 여러 나라로 가서 번상(番商)을 초빙하는 방식으로 해외 시장을 확대하였다. 이와 함께 민간 상인의 해외 진출도 장려하여 민간의 대외 무역도 크게 발전시켰다. 중국과 외국 상인의 왕래 및 거래에 대한 관리체제와 선박에 징수하는 세금을 강화하려고 송 조정은 당대의 시박 제도를 계승하여 발전·정비함으로써 외국과의 무역을 전문적으로 관리하는 행정기구인 시박사를 발족시켰다. 시박사제거(市舶司提擧)를 주무관으로 하고 그 밑에는 각 부서를 담당하는 관원을 배치하였다. 시박사를 규율하는 명확한 조례도 만들어져 상품의 수출입은 점차 절차와 격식을 갖추게 되었다.

광저우에 예전부터 존재했던 번방도 더욱 발전하게 되었다. 당의 관부(官府)는 번상 중에서 1명을 골라 번장(蕃長)에 임명하여 번방과 관련된 사무를 전담케 하였고 이를 통해 출신국의 상인을 중국에 불러와 무역하게 하였다. 송대에는 번상의 숫자가 많이 늘어나서 번방 공동체도 확대되었는데, 이에 정부는 번장을 더 많이 임명하고 그 위에 '도번장(都蕃長)'을 두어 번방의 총괄을 맡겼다. 무역 규모와 가치가 상당히 커짐에 따라 향료, 무소뿔, 상아를 비롯한 외국의 진귀한 보화가 끊임없이 유입되어 중국산 비단이나 도자기 같은 상품도 해외에 대량으로 수출되었다. 광저우는 중국 최대의 항구도시로 성장하여 송대에는 줄곧 견직물 수출의 주요 집산지로 자리를 잡았다. 광둥 지역 상인의 경영 전략도 혁신되어 비단 거래로 큰 이윤을 얻었다. "광저우 사람은 채무액을 갑절로 빌려다가 배가 돌아오면 변제하기로 약속하곤 하였다. 배가 외국에 나갔다가 10년간 돌아오지 못하더라도 이자가 늘지 않았다. 부유한 자는 기회에 따라 비단과 도자기를 비축하였다가 채무를 구하는 이에게 (비단과 도자기를 팔아) 값을 더 받았으니 이자를 계산하면 이자가 어찌 갑절뿐이겠는가"라고 한다. 이렇게 대부업을 활용한 경영방식은 민간사회의 대규모 유휴자금을 끌어다가 상인의 운영 자본을 늘리는 데 기여하였고 경영 의욕을 높임으로써 광

등의 비단 무역을 촉진하는 강력한 견인차가 되었다.

원대는 중국 역사에서 최대 규모로 강역을 확장한 시대였다. 해외무역 또한 대단히 발달하였는데, 특히 관부가 출자하여 상인이 경영하고 이윤을 분배하는 방식의 '관본선(官本船)' 제도가 창립됨으로써 상인들은 더 큰 혜택을 받을 수 있게 되었다. 전통적으로 중국의 대외무역을 대표하는 거점이던 광둥은 원대에도 변함없이 외국 상인이 중국에 와서 거래하거나 중국산 견직물이 수출되어 나가는 중요한 교역지로 기능하였다. 구와바라 지츠조(桑原隲藏, 1871~1931)가 『포수경의 사적(蒲壽庚の事蹟)』에서 지적했듯이 "아라비아 상인은 대부분 페르시아만에서 인도양을 경유하여 말레이반도를 돌아 현재의 광둥에 이르렀"던 것이다. 왕대연(汪大淵, ?~?)의 『도이지략(島夷志略)』에 따르면, 원대에 광둥과 푸젠을 비롯한 각 성을 거쳐 수출된 비단은 동남아시아와 남아시아 41개국에 판매되었는데, 이는 송대의 수출국인 11개국을 상회하는 숫자였다. 이 시기에는 놀라울 정도의 민족 이동과 문화교류가 마치 거센 홍수와 같이 이루어졌다. 수많은 아랍 상인이 인도양에서 해로를 통해 중국에 도래하면서 광둥 연해에서 활동하는 외래 상인의 주요 성원이 되었다. 이들은 이슬람교와 상업 정신으로써 동방에 영향을 미쳤으며 복잡한 문화의 환류·융합을 불러일으켰다. 광저우에는 대단히 눈에 띄는 무덤이 하나 있다. 묘의 주인은 무슬림이지만 한반도에서 건너 와 이슬람교의 영향 아래에서 중국과 무역하던 고려 상인이었다.

명대는 중국사에서 대외정책이 개방에서 쇄국으로 전환된 시기이다. 당시 유일하게 합법적인 무역은 조공 무역뿐이었다. 그러나 광둥산 비단의 대외무역에는 별다른 영향이 없었다. 조공 무역이란 조공이라는 명목으로 실제로는 무역이 이루어지는 것이었다. 여러 나라가 중국에 조

〈그림 3〉 명대 광저우의 회원역

공할 때에 명 조정은 다량의 비단이나 의복을 주었다. 또한 명의 태조(太祖) 홍무제(洪武帝, 1328~1393, 재위 1368~1398)는 조공선에 딸려 오는 상선에 대하여 관세를 면제해주는 동시에 싣고 온 화물을 민간과 무역할 수 있게 허락하였다. 명의 성조(成祖) 영락제(永樂帝, 1360~1424, 재위 1402~1424)는 부친 홍무제의 정책을 계승하여 조공 무역을 적극적으로 발전시켜 "번국들이 사절을 파견하여 조정에 오면, 대우하기를 한결같이 진실되게 하겠다. 토산품을 가지고 와서 교역하려는 자는 모두 그 편의를 봐주겠다. 더러 거리낌을 모르면서 법령을 어지럽히더라도 모두 관대하게 용서하고 멀리서 오는 이를 받아들이겠다"라고 선언하였다. 영락 3년 (1405)에는 외국의 사절을 전문으로 접대하는 역참을 설치하였는데, 그중 하나인 광저우의 회원역(懷遠驛)은 닝보(寧波)의 안원역(安遠驛)이나 취안저우(泉州)의 래원역(來遠驛)보다도 규모가 커서 건물만 120칸에 달할 정도였다. 당시 광저우의 조공 무역이 얼마나 번영했는지 짐작하게 한다.

같은 시기 유럽의 식민주의 국가들, 특히 스페인과 포르투갈은 동방으로 향하는 새로운 향로를 적극적으로 모색하고 있었다. 지리상의 대발견과 항로의 개척에 의해 네덜란드, 영국, 프랑스를 비롯한 다수의 서양 상인들이 차례차례 도래하였다. 이에 따라 광둥-일본, 광둥-동남아시아-인도-유럽, 광둥-필리핀-라틴아메리카-유럽과 같은 대규모 항로에서는 광저우를 통해 중국산 비단이 세계 각지로 전파되었다.

청대 전기가 되자 영국, 네덜란드, 프랑스, 미국을 비롯한 국가들은 아시아와의 무역을 전문으로 하는 동인도회사를 저마다 발족하였다. 각국 동인도회사들은 왕실과 정부의 정치경제적 역량에 의존하여 대규모 상단을 조직하고 거액의 금은과 상품을 가지고 광둥에 와서 대량의 견직물을 구매하였다. 구미권의 시장 규모는 거대하고 수요가 왕성했으므로 대량으로 매입하여 유럽으로 운반하는 것이 광둥산 비단이 수출되는 주요 방식으로 자리 잡았다. 17세기 말엽부터 광저우의 황푸항(黃埔港)에는 형형색색의 대형 외국 선박이 나타나기 시작하였다. 강희 38년(1699) 프랑스의 '앙피트리트(Amphitrite)호'가 광저우에 처음 정박하여 중국과의 무역을 개시하였다. 광둥의 해관은 우대 조치로서 프랑스 선박의 관세를 면제하였고 프랑스인이 광저우에 상관을 설치하는 것을 허가하였다. 강희 55년(1716) 영국 동인도회사의 '말라바(Malabar)호'와 '수잔나(Susanna)호' 그리고 '장저(長杵)호' 3척의 선박이 광저우에 입항하였다. 스웨덴은 1732년에 '프레드리크왕(Friedericu)호'가 1745년에 '예테보리(Götheborg)호'가 연이어 광저우에 와서 중국과의 무역을 개시하였다.

1784년 독립전쟁을 끝낸 미국의 상인들은 차이니즈 퀸(Chinese Queen, 혹은 Empress of China)호를 편성하여 광저우를 첫 출항지로 선택

〈그림 4〉 황푸 부두에 정박하는 미국 상선 차이니즈 퀸호

하였다. 출항계획은 바로 미국 정부의 지지를 얻었고 보스턴의 육군 소위 사무엘 쇼(Samuel Shaw, 1754~1794)를 고용하여 선박에 탑재한 화물의 관리를 맡겼다. 차이니즈 퀸호의 광저우 도착은 미중 무역의 개시를 상징하는 일이었다. 또한 광저우를 기점으로 하는 해상 실크로드가 전 세계 규모로 펼쳐진 가운데 광저우와 세계의 해운 대순환이 실현되었음을 의미하기도 하였다.

　　차이니즈 퀸호가 싣고 온 화물에는 면화·납·후추·우사(羽紗)·모피·인삼 등이 있었고, 반대로 중국에서는 생사·견직물·차·면포·도자기를 비롯한 대량의 화물을 싣고 갔다. 차이니즈 퀸호의 첫 출항이 성공했다는 소식은 미국에서 선풍을 불러일으켰다. 미국에서는 중국으로의 여행 붐이 일어나 미국인의 "모든 대화는 중국 무역이 주제"였고 "연안의 어떤 마을에서도 미국인 5명을 태울 수 있는 외돛 범선이 있다면 광저우에 갈 계획을 세우고 있었다"라고 할 정도였다.

　　아시아와 무역하던 각국 중에서 영국은 자본주의의 발전이 가장 두

〈그림 5〉 차이니즈 퀸호의 화물관리원 사무엘 쇼. 후에 제1대 광저우 주재 미국 영사에 임명된다.

드러졌다. 1716년 중국과의 무역이 개시되자 각 상선은 '수잔나호'의 타이판(taipan, 大班)을 대표로 하여 해관의 감독과 무역협정을 체결하였다. 이 협정에 의해 광저우 무역은 점차 성황을 맞이하여 1716년 한 해에만 20척에 달하는 외국 상선이 광저우에 입항하였다. 이후 100년에 걸쳐 광저우 십삼행에 의한 중영 무역은 줄곧 중국의 대외무역에서 주요 지위를 차지해왔다. 미국 역시 중국과의 무역이 두드러진 발전을 이룩한 국가이다. 1786년 미국 의회는 사무엘 쇼를 광저우에 주재하는 영사로 임명하고 중국과의 무역에서 자기에게 유리한 정책을 다수 제정하였다. 얼마 지나지 않아 미국은 광저우 무역에서 영국에 버금가는 두 번째 자리를 차지하게 되었다.

구미 각국이 잇달아 무역하러 오는 상황에 이르자 청 정부는 바다를 열어 무역을 행하는 방침을 정하였다. 강희 24년(1678)에는 월해구관(粤海舊關)을 설치하고 대외무역을 감독하는 전담 대신을 임명하였다. 이와 함께 공행(公行) 무역제도를 확립함으로써 경제력이 있고 신용이 높은 상인을 선별하여 각 행(行)에서 청 정부의 거래를 청부하는 상인으로 충당함으로써 정부의 통일적 관리를 도모하였다. 이처럼 관상(官商)의 색채가 농후한 행상(行商)을 역사적으로 십삼행이라 하였다. 이들은 외국 상인을 접대하고 무역을 행하는 특권이 있었다. 당시는 구미 각국의 상인이 잇따라 중국으로 찾아오고 있었으므로 임시로 혹은 장기간 체류하면서 교역에 참가할 필요가 있었다. 외국의 조공 사절을 받아들이고 있던 회원역에서는 이러한 상인들에 모

〈그림 6〉 광저우 십삼행 소재지의 외국 상관

〈그림 7〉 십삼행 상관의 풍경

두 접대할 수 없었던 탓에 양행(洋行) 상인들은 무역이 이뤄지던 십삼행 부근, 즉 광저우 구성(舊城) 시관(西關)의 주강 인근에 위치한 현재의 사몐(沙面) 지구에 건물을 짓고 외국 상인에게 임대하여 거주하게 하였는데, 외국 상인들은 이를 가리켜 '상관'이라 불렀다.

상관은 남향으로 지어졌고 동쪽에서 서쪽으로 강을 마주하고 배열되었다. 화려한 서양식 건축물 위로 게양된 각국의 국기가 맞은편의 중국식 건축물에 비치면서 독특한 분위기를 자아냈다. 화물선이 입항할 때면 상관 근처는 외국인 인파로 북적였고 저마다 서로 다른 의복을 착용하고 서로 다른 언어를 구사하는 등 거리가 활기로 가득했다. 상관은 동서로 소계행(小溪行, 이화행(怡和行)), 하란행(荷蘭行, 집의행(集義行)), 영국행(英國行, 보화행(寶和行)), 주주행(周周行, 풍태행(豊泰行)), 노영행(老英行, 융순행(隆順行)), 서전행(瑞典行, 서행(瑞行)), 제국행(帝國行, 자웅행(孖鷹行)), 보순행(寶順行), 미주행(美洲行, 광원행(廣元行)), 명관행(明官行, 중화행(中和行)), 법란서행(法蘭西行), 서반아행(西班牙行), 단맥행(丹麥行, 득흥행(得興行)) 순으로 배치되어 있었다.

건륭 연간 청 정부는 샹쑤와 저장을 비롯한 다른 지역의 해관을 폐지하고 광저우에만 존치하여 단독으로 무역하였다. 이 조치는 광저우의 대외무역을 더욱더 발전시켰다. 이 무렵 십삼행의 거리에는 콧대가 높고 눈

〈그림 8〉 십삼행 거리의 서양인들

〈그림 9〉 비단을 전문적으로 취급
하던 양행

매가 깊은 이들이 길을 재촉하거나 유유히 걷는 광경이 부쩍 늘어났다. 지역 주민들은 외국인의 생활에 필요한 물품을 공급하려고 점포를 개설하였다. 사몐 일대는 더욱 번화하게 되었다.

아편전쟁 이후 중국의 십삼행 상인과 외국 동인도회사의 타이판들을 주축으로 하던 독점적 공행무역(公行貿易)과 타이판들의 독점 제도는 마침내 종언을 고하였다. 동인도회사 이외의 외국 상인인 산상(散商)도 중국에서 자유롭게 무역할 권리를 획득함으로써 자신들의 마음에 드는 상점을 선택하여 비단 무역을 추진하였다. 십삼행이 누리던 특권이 해소됨에 따라 대규모의 민간 산상과 점포가 대외무역에 참여하게 되었다. 이처럼 광둥산 비단의 대외무역이 진행되는 과정에서 생사(生絲)와 주단(綢緞) 무역에 전문적으로 종사하는 양행(洋行)과 화행(華行)이라는 두 집단이 형성되었다.

양행이란 외국 상인에 의해 창설된 상행(商行)을 말한다. 통상적인 경영 방식에 있어 양행은 견직물을 취급하는 중국 상인과 본국의 상인 사이에서 중간무역을 수행하여 막대한 중개비용을 수취하곤 하였다. 양행은 서양에서 선구적으로 발달한 자본주의 경제제도 덕분에 각종 무역제도에 정통하였고 거래수단에 대해서도 복합적으로 발달해 있었던 까닭에 양행의 경영은 화행에 비해서 이익을 얻기 쉬웠다. 일부 양행은 본국 은행의 금융지원을 받아서 자본이 풍부했고 시장의 동태도 예리하게 파악하고 있었다. 이 때문에 양행은 중국과의 비단 무역에서 우세한 위치를 차지함으로써 폭리를 취했다. 특히 경쟁이 치열해지던 20세기 전반에 양행은 화행을 물리치고 일시적으로나마 광둥의 대외 비단 무역을 거의 독점하다시피 하였다.

화행의 경우 제사업(製絲業)에 종사하는 다수의 업자가 중개 거래를 하였는데, 실을 켜는 업자나 농가에서 생사를 수매한 뒤에 외국 상인이나 방직업자에게 전매하였다. 화행도 자본을 축적함에 따라 사행(絲行)과 사장(絲莊)을 창립하였다. 이들은 판매 목적의 차이에 따라 수출을 전문으로 하는 양사행(洋絲行)·양사장(洋絲莊)과 내륙으로 운송을 전문으로 하는 토사행(土絲行)·토사장(土絲莊) 크게 두 부류로 나눌 수 있다. 청 말 광저우의 사몐 일대에는 외국인과 교섭하는 양사행과 양사장 20~30개가 집중되어 있었고 주단의 수출에 종사하는 행과 장도 적지 않았다. 민국 시기에는 신싱대가(新興大街)와 시싱가(西興街) 그리고 시허우가(西後街) 일대에 수십 개의 사장이 몰려 있었는데, 천보륜(天寶綸), 경성륜(經盛綸), 태흥륜(泰興綸), 이화행(怡和行)이 비교적 유명했다. 비단을 수매한 양사행·장 및 주단 행·장은 화물을 보통 외국의 대리 상행이나 '판장(辦莊)'(판장은 사주(紗綢)나 굵은 명주실의 수출을 주로 맡았다)에 위탁하면 이들은 통관 업무를 처리하여 해외에 수출하였다. 이후 개별 사행이 직접 수출하는 경우도 있었지만, 그 숫자는 많지 않았고 경영 실적 또한 그다지 좋지 않았다. 일반적으로 수출된 생사는 양사행·양사장을 경유하여 외국에서 대리업무를 맡는 양행이나 사상(絲商)에 전매되었다.

　대부분의 사장은 제사 공장의 판매를 대리하는 업체였으므로 대장(代裝) 혹은 대장포(代裝舖)라 불렸다. 사장은 먼저 제사 공장 출신의 성성(省城)에 상주하는 관리자가 공동으로 2만~3만 원의 자금을 모은 연후에 모처의 점포를 물색하여 계약을 체결하고 그 대리업무를 의뢰하는 방식으로 조직되었다. 보통 사장에서는 판매원을 고용하여 각각의 제사 공장을 대신하여 양행에 생사를 판매하는 일을 전문적으로 처리하게 하였다. 또한 제사 공장 대신에 금융 관련 기관과 연락을 취하거나 대리로 기부금을 모금하여 각 제사 공장이 생산한 생사를 다시 각지로 운송하여 결제하는 일을 처리하는 전문 인력도 고용되었다. 수출 업무를 주관하던 사장에는 일반적으로 외국 양행과의 교섭을 책임지는 전문 인력도 존재했는데, 속칭 자전(仔氈)이라 불렸다. 사장은 관습적으로 제사 공장과 사행 사이에서 교섭하곤 했는데, 제사 공장에서 생사를 사행으로 옮겨와서 전매하였다. 거래 중에 사장은 왕왕 제사 공장의 이익을 다 차지했고, 이후에는 다시 수출 양행들이 계획적으로 이를 침식하였다. 사행은 누에고치를 도매하는 견행(繭行)과 취급하는 제품의 종류가 다르긴 했지만, 그 조직 방식이나 상업적 특성은 견행과 기본적으로 일치하였다. 주단행(綢緞行)과 주단장(綢緞莊)은 사행이나 사장과 성격이 유사했다. 일부 사장과 사행, 그리고 제사 공장은 경영 형태가 동일하지 않았지만, 비단 무역이 발전함에 따라 종종 상호 영향을 주고받아 구별하기가 어려워졌다.

　사장과 사행은 광둥 비단의 대외 무역 루트 중에서 결코 빼놓을 수 없는 부분이었다. 사행이 생사 중개 거래를 전문적으로 담당하였는데, 일부는 생사를 구입한 뒤에는 한 단계 업그레이드된 가공 처리를 하거나 혹은 재차 실을 뽑다가 양질의 상품을 만든 후, 재포장하여 자사의 브랜드

명을 붙이고 거래처에 판매하기도 하였다. 사장은 보통 제사 공장에 위탁하여 대리하게 하였고, 공장으로부터 일정한 수수료를 받았다. 사행과 사장이 실을 뽑아 비단을 짜는 수공업장, 가정, 기계 공장에 생사를 전매하면 방직품 업계에서는 가공하여 견직품을 만들었다. 이는 생사가 주단으로 바뀌는 데에 필수적으로 통과하는 과정인데, 이후 견직물은 소비품으로서 해외 소비자에게 유통되어 다시 복잡한 과정을 거쳐야 했다. 주단이 생산된 연후에는 주로 주단의 판매를 전문으로 하는 주단행이나 주단장 혹은 비단을 도매하는 상점에 판매되었다. 주단의 대량 판매를 주업으로 하던 이들은 견직물 제조업자에게 주단을 수매한 뒤에 이를 외국의 대리 양행에 넘겼다. 광저우나 포산 등지는 주단 산업이 흥성하여 관련 업체가 집약적으로 몰려 있던 거점으로 모두 주단 판매를 본업으로 하는 양주행이나 양주장 및 상점이 많았다.

중개업자로서 사장과 사행은 일찍이 근대 광둥의 대외 비단 무역에 중요한 임무를 수행했던 것이다.

4장

금륜회관과
광둥 견직업의
번영

금륜회관은 광둥 견직업의 발전과 번영의 산물이다. 금륜회관은 광저우의 견직물업은 명청시대에 최전성기를 누리다가 이후에 쇠퇴를 맞이하는 것을 보여주는 상징이자, 중국 해상 실크로드의 역사에서도 대단히 중요한 위치를 차지한다. 금륜회관에는 19개의 석비가 보관되어 있다. 이 비석들은 근대 중국의 경제 발전에서 자본주의의 맹아를 연구하는 데 중요할 뿐만 아니라 지방지에 기재되지 않은 금륜회관의 실상을 살펴볼 수 있는 자료이다. 국가역사문화도시[國家歷史文化名城]로 선정된 광저우의 귀중한 문화유산이기도 하다.

1절 창건 배경 : 해상 실크로드와 광동 견직물의 발전

해상 실크로드의 발전은 광동 견직업의 번영을 견인한 중요한 요인이었고, 반대로 광동 견직물품의 개척과 제품의 우수성은 비단의 해외 전파에 강력한 지렛대를 제공하였다.

1. 해상 실크로드의 끊임 없는 확장

전한 시기에 황문(黃門)의 역장(譯長)들이 항로를 개척한 이래 남방 해상 실크로드가 점차 발전하였다.

삼국시대의 손오(孫吳) 정권은 조선업과 해운업의 발전을 대단히 중시하였다. 사서에 따르면, 손오는 일찍부터 적재량이 크고 주행 속도도 빠른 각종 선박 5,000척을 보유하였고 항행 기술도 뛰어나서 수상에서 밀집 대형을 이루고 자유자재로 운항할 수 있었다고 전해진다. 일찍이 번우(番禺, 광저우의 옛 지명)는 동오의 가장 중요한 조선 기지였다. 226년 손권은 오늘날의 광둥성 대부분에 해당하는 교주(交州)의 동부 일대를 '광주(廣州)'라 명명하고 광동 지역의 관리체계를 강화하여 광주를 출항지로 하는 해상 실크로드를 발전시켰다. 남양 각지와 접촉하려고 손권은 주응(朱應)과 강태(康泰)를 사절로 파견하였는데, 둘은 약 10여 년에 걸쳐 부남(扶

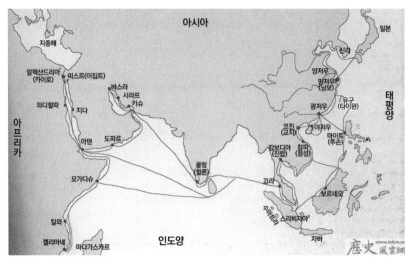

〈그림 1〉 당송시대의 해상 실크로드

南)[07] 외에도 포라중국(浦羅中國), 우발국(優拔國), 횡질국(橫跌國), 비호국(比護國), 마오주(馬五洲), 부환주(薄歡州), 탐란주(耽蘭州), 거연주(巨延州), 빈나조주(濱那調州), 오문(烏文), 사조(斯調), 임읍(林邑), 가영(歌營), 제부(諸薄)를 비롯한 동남아시아 수십 개 국가를 방문하였다. 이들은 광주에서 출발하여 하이난다오를 경유하여 동남아 각국에 이르렀다. 당시 로마제국의 상인 진륜(秦倫)이 오의 수도인 건강까지 찾아왔다는 일화는 머나먼 유럽과 지중해 연안에서도 중국에 올 수 있을 정도로 전체적인 해상 항로가 개통되었음을 보여준다.

　　당대에는 해상 실크로드가 한층 더 발전하였다. 당시 당조는 나침반

―――――――

07　(역자주) 부남(扶南, Phnom) : 현재의 캄보디아에 있던 나라이다. '부남(夫南)', '발남(跋南)'이라고도 하였다.

을 활용하여 바다를 항해하는 대형 선박을 제조할 수 있어서 홍주(洪州, 현재의 장시성 난창(南昌))에서만도 연간 수백 척의 배를 만드는 것이 가능했다. 아랍 측 사료에 따르면, 중국 선박[唐舶]은 선체가 거대하고 배수량이 많았을 뿐만 아니라 구조가 견고하여 거친 파도 속에서도 자유롭게 항행할 수 있었는데, 이는 당시 비교할 대상이 없을 정도여서 각국 상인들이 중국과 서방을 왕래할 때에는 모두 중국 선박에 승선하기를 바랐다고 전해진다. 항해 기술이 크게 발전함에 따라 해상 교통을 이용하는 비중도 늘어났다. 측천무후(則天武后, 624~705) 재위 시기(690~705), 광둥에서 서방으로 나아가는 항로는 여럿 있어서 해로를 이용한 서역 여행이 비교적 많이 이루어졌다. 이 시기에 남방 해로를 이용하는 비중은 이미 육로를 넘어서서 중국과 서방 간 교류와 왕래의 주요 경로가 되었다. 이와 동시에 중국인이 서방으로 향하는 항로도 대폭 연장되었다. 광저우를 기점으로 인도를 넘어 오늘날의 이라크 바스라(Basra)항까지 해상 항로가 확장되었으며, 심지어 바스라항에서 아프리카 동부 연안까지 이어졌다. 이 항로는 일본, 중국, 동남아시아, 남아시아, 페르시아만, 아라비아반도와 동아프리카 연안에 점재한 주요 항구도시를 하나로 연결하여 아시아와 아프리카 간의 해상 대동맥을 이뤘다. 이 간선을 주파하는 데는 30여 개국, 1만 4,000km를 통과해야 하는, 16세기 이전 세계에서 가장 긴 장거리 항로였다.

송대에서 원(元)대와 명(明)대에 이르면 해상 실크로드는 더욱 번영하게 되었다. 송대에는 나침반, 견성술(牽星術), 항해도를 광범위하게 운용하고 계절풍을 활용하여 항해를 보조하는 일이 항해의 상식이 되었다. 명의 정화(鄭和, 1371~1433)가 일곱 차례에 걸쳐 '남해대원정'을 벌였을 때 승선했던 '보선(寶船)'은 1,000명을 태우고서 아프리카 동부 연안과 홍해, 그리고 이슬람교의 성지인 메카(Mecca)까지 진출하였다. 정화의 항해는

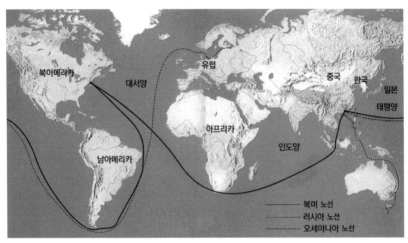

〈그림 2〉 명청시대 해상 실크로드의 전 지구적 네트워크

실로 전무후무한 위업이라 할 수 있다.

　　명말청초(明末淸初), 즉 16~17세기에는 지구 규모의 항해와 무역이 개시되었다. 이에 따라 광둥산 비단을 둘러싼 대외무역의 정세가 크게 변화하였다. 광둥-동남아시아-아랍으로 이어지는 전통적인 무역 노선이 점차 쇠퇴한 대신 광저우-마카오(Macao, 澳門)-고아(Goa)-유럽 항로와 광저우-마카오-마닐라-라틴아메리카 항로, 그리고 광저우-마카오-일본 항로가 견직물 무역의 전 세계적 네트워크를 형성하였다.

　　아편전쟁 직전까지 광저우를 출항하는 노선은 일곱 개까지 급증하여 세계 일곱 대륙 160여 개국과 지역에까지 이르렀다. 광저우에서 무역하는 외국 상선은 연간 5,266척, 하루 평균 14.6척이었다. 이처럼 많은 외국 상선과 상품이 광저우에 와서 무역함에 따라 주강에 인접한 광저우는 대외무역이 번성하는 모습을 한껏 연출하였다. 영국인 윌리엄 힉(William Hick)은 "주강 위로 선박이 바삐 운행하는 광경은 마치 런던브리지 아래를 흐르는 템즈강과 같다. 다른 점은 강 위에 떠 있는 범선의 외형이 모두 다르며, 대형 범선도 있어서 외국인의 눈에 수 마일에 걸쳐 늘어서 있는 범선의 모습만큼 장관인 것도 없다"라며 놀라워하고 있다.

2. 광둥 견직업의 놀라운 발전과 번영

명대부터 주강 삼각주의 개발은 본궤도에 오르기 시작한다. 이와 함께 명대 이후 광둥 경제의 발전도 상업화 단계에 진입하였다. 명 중기에는 유럽 자본주의가 확대됨에 따라 광저우를 중심으로 해외무역이 근본적으로 전환되었다. 종래의 수입 위주 무역에서 수출 위주 무역으로, 다시 말해 일찍이 주변국의 조공 무역을 주요 내용으로 하던 광저우의 대외무역이 서방 자본주의 상인을 주요 대상으로 하는 무역으로 전환되어 수출 중심의 무역이 급속히 성장하였다. 광저우를 중심으로 하는 대외무역이 공전의 번영을 구가함에 따라 생사와 견직물은 당시 중국과 유럽 간 무역에서 가장 대규모로 거래되는 상품 중 하나가 되었다. 당시의 외국 자료에 따르면, 아래와 같이 기재되어 있다.

> "마카오와 광저우의 포르투갈인들이 무역하는 수출품은 견직물이 주를 이룬다. 매년 포르투갈인들을 통해 중국 밖으로 수출되는 견직물은 약 5,300상자이다. 상자마다 수단(繡緞) 100필과 얇은 직물 150필이 채워져 있다."

그러나 명대부터 청대 전기에 이르기까지 광저우에서 수출된 생사는 주로 중국 견직업의 중심이었던 강남 지역에서 생산되었는데, 광둥산 견직물은 호사(湖絲)와 영사(寧絲) 등을 사용해야만 했다.『광주부지(廣州府

志)』에는 다음과 같이 기재되어 있다.

"월단(粤緞, 광둥산 비단)은 재질이 촘촘하고 고르며 색은 선명하고 화려하며, 광택
이 나고 윤기가 있다. 하지만 반드시 오(吳) 지역에서 양잠한 실로 짜야 한다. 만일 광
둥 현지의 실로 짠다면 검고 광택이 없으며 색도 밝지 않아 광둥 경내에서만 유통될
수 있으며, 멀리서 온 상인들은 취하지 않는다. 포산의 사(紗)도 높은 품질의 명주실
로 짜는데, 무늬는 다 인쇄판으로 찍어 넣는다. 생사는 찢어지기 쉽고 숙사(熟絲)는
닳기 쉽다. 월사(粤紗)는 …… 오(吳)의 잠사(蠶絲)를 사용해야 비로소 광택이 나고 색
도 죽지 않으며 때가 안 타고 구겨져도 펴기 쉽다."

광저우의 단독 무역과 주강 삼각주 지역의 상기어당(桑基魚塘, 양잠
업과 양식어업이 결합된 형태)식 경영이 발전함에 따라 광둥의 견직물 산
업은 근본적인 변화를 맞이하였다. 건륭 22년(1717)부터 도광 20년(1840)
까지 광저우의 일구통상(一口通商)[08] 지위는 상업과 수공업, 그리고 농업의
발전을 촉진함으로써 모든 분야에서 전국의 선두를 차지하게 되었다. 광
저우의 견직물 해외 수출은 현지인들에게 점차 잠상업에 뛰어들게 자극하
여 종래의 과기어당(果基魚塘, 과수업과 양식어업이 결합된 형태)식 경영
이 상기어당식 경영으로 바뀌었다. 난하이 지우장은 원래 과기어당식 경
영의 발상지였으나, 도광 원년(1831)에 이미 "경내에 논이 없어 쌀 수입을

---

08 (역자주) 일구통상(一口通商)은 건륭22년(1757)부터 도광22년(1842)까지의 청조의 민간
교역 정책을 이르는 말로, '광주제도(廣州制度)' 혹은 '광주체제(廣州體制)'라고도 한다.
영어로는 '캔톤시스템(Canton system)'이라고 한다. 강희연간 닝보, 상하이, 푸저우 혹은
샤먼, 광저우 4개 도시를 개항하고 이를 통해 상인들에게 민간 무역을 허용하였다. 이를
'사구통상(四口通商)'이라 한다. 그러나 건륭연간 치안상의 이유로 광저우 1개 항구를 제
외한 모든 항구를 폐쇄하였다. 이를 일구통상이라 한다.

〈그림 3〉 청대의 수출을 묘사한 그림. 시관(西關)의 견직물 공방

외부에 의지하고 있다"라고 사료에 기재될 정도로 상기어당식 경영 방식
이 정착된 지역으로 탈바꿈된 상태였다. 도광 10년(1830) 광저우항을 경
유하여 수출된 생사는 7,200만 담(擔, 1담은 100근에 상당) 이상이었고 이
중에서 광둥산 생사는 52%를 차지하면서 호사(湖絲) 중심의 수출 국면으
로 점차 변하였다. 지역의 생사 생산이 충분한 기초를 구비함에 따라 광둥
견직물 업계 역시 크게 발전하였다. 근대에 이르자 광저우는 수십 종의 견
직품을 수출하게 되었는데, 가령 주(綢)의 경우 영주(寧綢), 복주(濮綢), 성
주(盛綢), 호주(湖綢), 노주(潞綢), 양주(亮綢)만이 아니라 부주(府綢), 선주
(線綢), 금주(錦綢), 사주(絲綢), 수주(水綢), 방주(紡綢), 소주(素綢), 화주(花
綢), 견주(繭綢), 우랑주(牛郎綢) 등이 모두 광둥 현지에서 생산되기에 이르
렀다. 이밖에 단(緞)의 경우 화단(花緞), 금단(錦緞), 팔사(八絲), 월단(粵緞),
운단(雲緞), 광단(光緞), 오사(五絲)가, 능(綾)의 경우 오릉(吳綾) 외에도 화
릉(花綾), 소릉(素綾), 금릉(錦綾), 비릉(紕綾), 선릉(線綾)이, 사(紗)의 경우
직사(直紗), 규사(葵紗), 협직사(夾織紗), 포두사(包頭紗), 은조사(銀條紗), 연

조사(絞條紗), 연사(軟紗), 화추사(花縐紗), 월사(粤紗), 추사(縐紗), 선사(線紗)가 광둥 현지에서 생산되었다. 기타 광저우에서는 화견(畵絹), 소라(素羅), 사대(絲帶), 천아융(天鵝絨)과 같은 우수한 상품이 많았다.

이와 같은 역사적 조건을 토대로 하여 광둥 견직업을 상징하는 금륜 회관이 창건되었다.

2절 조직 기구 : 청 전기 광둥 견직업의 복합 관계

금륜회관이 창건된 이후 행상이 모여서 다른 회관에 설치된 관리 기구의 상황을 참고하여 회관을 운영할 규례를 제정하고 이를 비문에 새겨 넣었으니 이를 가리켜 묘례(廟例)라 하였다. 묘례에는 회관의 기본 구조와 제도가 규정되어 있었는데, 아래에서는 이에 대해 살펴보도록 하자.

1. 12고(股)와 사수(事首)의 설치

당시 광둥에서는 견직업이 번영하여 기호(機戶), 즉 방직 수공업자의 숫자도 매우 많았는데, 가경 2년(1797)의 비기(碑記)에는 방직기의 숫자가 4,251대로 기재되어 있어 당시의 시관 방직업의 발달 정도를 보여준다. 금륜회관이 견직업자와 방직기를 하나하나 개별적으로 관리하기는 불가능했던 탓에 묘례에 근거하여 기호를 12개의 고(股)로 나누어서 관리하였고 이에 따라 이후의 주회(主會)를 담당하는 치사(值事)는 대부분 12명이었다. 고마다 '사수(事首)'가 있어, 선사의 주회치사를 교대로 담당하면서 회관의 일상 사무를 처리하는 자격이 있었다. 이러한 방식으로 각 기호는 모두 자신이 소속한 고의 사수를 맡은 연후에 선사 주회의 치사가 되어 견직업 관리를 둘러싼 견해를 개진할 수 있었다. 다만 선사 주회는 매년 한 번씩 교체되었으므로 기본적으로는 선대가 정한 규정에 따라 운영되고 의무가 이행되었다. 본인이 보조금을 납부하는 것 이외에도 다른 보조금을 수 납해야 했다.

　다른 회관의 관리자가 대부분 집안이 부유하고 품성이 돈후한 이들 이었던 것과 대조적으로, 윤번제로 주회치사를 맡았던 사수 제도는 회관 의 관리가 얼마나 공평하고 공정했는지를 잘 보여주고 있다. 유복한 환경 에서 태어난 부유한 상인이 아무리 인품이 높다 하더라도 모든 일마다 공 평무사할 수는 없으며, 중소 규모의 동일 업종 종사자에게도 애초에 발언 권이 없어서 그 권익을 드러낼 길은 더욱더 없었다. 이 점에서 사수 제도 는 회관을 관리하는 제도 측면에서 상대적으로 뛰어났다고 할 수 있다.

2. 치사 제도와 주요 직책

　금륜회관을 관리하는 직무는 주로 두 종류가 있었다. 하나는 상설직 인 선사주회(先師主會)와 금륜주회(錦綸主會)이다. 선사주회의 치사는 비를 세우는 해에 미리 배정되었으며, 매년 한 번씩 교체되는 식으로 이어졌다. 비문에 새겨진, 108년간 선사주회 명단으로부터 알 수 있는 것은 선사주회 를 맡은 인원은 매년 12명이었다는 것이다. 이는 건륭 29년(1764)에 『중건 회관비기(重建會館碑記)』에 기재되어 있는 제1고(股)에서 제12고(股)에 이 르는 사수 명단 및 가경 2년(1797) 『중수비기』에 "각 고(股) 최초 납부 공 사비용 현황"의 "제1고"에서 "제12고"에 이르는 명단과 정확히 일치한다. 금륜주회는 금륜회관이 설립되고 나서 만들어진 것이다. 선사주회와 금륜 주회는 모두 견직업에 자본을 댄 주주들이 번갈아가며 담당하였는데, 이 를 일괄하여 "치사(値事)"라 칭하였다. 다만 금륜주회보다도 선사주회 쪽 이 책임이 더 막중하였다. 이후에는 여기에 "총리치사(總理值事)" 직위 하나가 첨설되었는데, 선사주회나 금륜주회의 치사는 모두 보수가 없었다. 그리고 도광 3년(1823)에서 동치 7년(1868) 전후 45년간 존속한 "관제치사(關帝値事)"가 있다. 관제치사는 45년 동안만 빈번하게 등장하는데, 이전에는 전혀 기재되어 있지 않다. 관제묘(關帝廟)가 설립되었을 때에 이미 존재하였는지, 아니면 이후에 새로 설립된 기구인지에 관해서는 여전히 논쟁 중이다. 다른 하나는 중수치사(重修値事)나 연희치사(演戲値事)와 같이 임시로 만들어진 것으로 인원수는 정해져 있지 않았다.

선사주회의 주요 직책은 다음과 같다.

(1) 금륜회관의 일상적 관리를 담당한다.

(2) 금륜회관의 수리업무 담당. 수리가 필요한 때에는 선사주회와 금륜주회가 납부한 보조금인 "기호과금(機戶科金)"과 "등롱금(燈籠金)"을 비축하여 회관 유지 보수에 사용할 책임이 있다.

(3) 평상시에는 선사주회의 구성원의 보조금을 수납하는 책임이 있다.

(4) 기호마다 백은 1전을 "기호과금"으로 징수할 책임이 있다. 그러나 "기호과금"이 금륜회관 수리에 경비가 들 때에만 수취하는지, 아니면 매년 징수했는지를 보여주는 자료는 없다.

(5) 새로 개업한 이들에게 "보조금"을 징수할 책임이 있다. 보조금은 황금 2전을 기준으로 하는데, 묘례에는 "새로 점포를 개업했다면 호마다 보조금 2전을 내야 하지만, 치사를 담당하는 달에 마수(禡首)[09]가 수취하기 시작하여 선사주회에 교부하여 저축한 뒤 이후 조사회관(祖師會館)을 수리하는 데 사용한다"라고 되어 있다.

(6) 점포를 양도할 때에는 회관의 재물을 관리하는 책임이 있다. 묘례에는 "회관 내

09 (역자주) 마수(禡首) : 상회나 공소의 총재를 말한다.

의 집기와 기부금은 점포를 양도하는 날에 선사주회에 교부하여 저장한다"라고
규정되어 있다.

(7) 견직업에 종사하는 사업주와 노동자의 관계를 조정하는 책임이 있다.

(8) 견직업과 정부와의 관계를 조정하는 책임이 있다.

금륜주회의 주요 직책은 다음과 같다.

(1) 장건(張騫)의 탄생을 기념하는 행사-초제(醮祭)와 수신연희(酬神演戱)-를 준비하
는 책임이 있다. 청대의 회관 대부분에는 연극을 위한 전용 무대가 있었는데, 금
륜회관은 신에게 기원하는 수신연희를 해야 할 때 먼저 제1대청에 임시 무대를
세웠다. 현재 동서 양측의 누대는 배우가 희극을 상연할 때에 의상을 갈아입는
용도로 사용했다.

(2) 금륜주회에 속한 구성원에게 기부금을 징수하는데, 매년 돌아가면서 맡는 주회
12명이 대상이고 1인당 정액으로 금 3냥 5전을 수취하였다.

(3) 매 호(戶)마다 견직업주의 '등롱금'을 징수할 책임이 있다.

선사주회와 금륜주회의 직책이 비문에서 명확하게 설명되어 있었
던 것 외에, '관제치사'의 직책은 언급이 되어 있지 않다. 단지 19개의 비
문 중 2개의 비문에는 전후 45년간 '관제치사'를 담당한 인원의 명부가 나
열되어 있으며, 매년 '관제치사'를 담당한 인원은 12명이었다. 그러나 비문
중 '관제치사'가 담당해야 하는 업무에 관한 설명은 없다. 그 때문에 홀연
히 등장한 45년간의 '관제치사'와 그 직책 및 역할이 무엇이었는지는 불분
명하다. 하지만 금륜회관이 건립되기 이전부터, 견직업 점포와 노동자들이
그 이전부터 관제묘에서 활동하고 있었으며, 이때부터 '관제치사'가 존재
했을 것으로 보인다.

"중수치사"는 도광 연간에 출현한다. 당시 금륜회관의 수리 공사는 3년이 소요되었다. 규정에 의하면, 선사주회의 치사들은 명부를 미리 만들어놓고 매년 한 차례씩 교체되었는데, 수리 공사의 연속성을 확보하고자 "중수치사"라는 직책이 출현한 것이다.

"연희치사"는 1고(股)마다 1명씩 배정되어 총12명으로 구성되었는데, 주된 역할은 주회의 치사가 자신이 소속된 고의 기호로부터 '등롱금(燈籠金)'을

〈그림 4〉 금륜조안선사비(錦綸祖案先師碑)

수취하는 일에 협력하는 것이었으며, 또한 금륜주회의 치사가 장건의 탄생을 기념하는 기간에 이뤄지는 공연 준비에도 투입되었다.

3절 제도의 운용 : 중국 행회 관리체계의 발전을 선도한 금륜회관

1. 독특한 재정 운용

하나의 거대한 상인의 자기 관리기구라면 일상의 수지타산을 유지할 필요가 있었기에 회관의 재정 운용 제도는 대단히 중요했다. 기본적으로 회관의 상업적 수입원은 주로 기부금, 이금(釐金, 상품의 통과세), 불전, 점포세, 이자, 비은(批銀, 지주가 소작농에게 땅을 내어주는 것에 대한 사례비로 소작농이 지주에게 선물하는 은) 등의 항목이었다. 지출은 회관의 수리비, 제사비, 연희비, 일상적 접대비 등의 항목이었다. 금륜회관은 여섯 차례의 수리와 증축을 거쳤고 그 지출 규모가 상당했는데, 이를 뒷받침한 재정 운용 제도는 어떠했을까.

비문에서 알 수 있듯이 금륜회관의 주된 수입원은 두 가지였다. 하나는 금은을 직접 기부한 것인데, 여기에는 두 가지 유형이 있었다.

(1) 주회의 연금(捐金, '추연(抽捐)'이라고도 함). 연금은 규정상 해당 연도의 치사를 맡는 주회가 납부하며 그 액수도 비교적 고정되어 있었다.

(2) 기호의 조금(助金, '인연(認捐)'이라고도 함). 조금은 자발적으로 기부한 것을 가리키며 그 액수는 때에 따라 다른데, 제1호비인 「금륜조사비기」에 따르면, "주회

연금" 부분의 좌측에 별도로 "방명(芳名)"이란 부분이 있는데, 여기에 1,338개의 점포와 개인의 명단, 그리고 이들의 "조금"한 액수가 기재되어 있다. 액수가 가장 큰 경우는 "증수련(曾輸聯), 조금 4량"이고 가장 적은 액수는 "진윤공(陳胤公)·조태홍(曹泰弘)·관군혜(關君惠)·풍채도(馮彩稻) 이상 모두 2전 1푼"이었다.

(3) 공사비용을 부과하는 제도. 부과한 방법에 따라 회관에 소속된 방적기의 숫자를 추산하면, 제1고(股)는 368개, 제2고는 376개, 제3고는 264개, 제4고는 363개, 제5고는 379개, 제6고는 401개, 제7고는 371개, 제8고는 289개, 제9고는 387개, 제10고는 345개, 제11고는 366개, 제12고는 342개로 합계 4,251대였고 1대에 1전을 징수하였으니 족히 적지 않은 액수였다.

(4) 등롱금 제도. 가경 2년(1797)의 「중수비기」에 따르면 "선사탄신일[先師誕]에는 각 호마다 등롱금 3푼을 징수한다. 해당 연도에 각 고의 주회는 해당 고의 연희 치사와 함께 징수한다. 만일 징수가 지연된다면 해당 고의 치사에게 책임을 묻고 납부하지 않은 이에게는 묻지 않는다"라고 기재되어 있다.

(5) 새로 개점한 점포는 호마다 조금 2전을 징수한다.

이와 별도로 직접 돈이나 물품을 기부하는 방식으로, 기부 물품은 각 양각색이었다. 이러한 내용은 많은 비문에 기재되어 있다. 예컨대 건륭 29년(1764)의 『중건회관비기』에는 아래와 같이 기재되어 있다.

제7고 사수 : 등유본(鄧維本), 주수호(朱秀號), 소덕유(蘇德裕), 장지강(張志剛)은 함께 점포 두 칸을 설치하고 각종 집기를 두었다.

제8고 사수 : 곽국장(霍國漳), 나응문(羅應文), 응연호(應延號)는 함께 박고 풍로병 하나, 방수포 하나, 징 하나, 자단향탁 하나를 두었다.

제9고 사수 : 맥군탁(麥君卓), 거공█(渠孔█), 주간향(周簡鄉), 임원방(林元邦)은 함께

백여 근에 달하는 주석으로 만든 공기(貢器) 하나, 술주전자 20개, 찻주
전자 2개, 접시 5개, 연가만당광(連架滿堂光) 하나, 수화(手火) 12개를
두었다.

제10고 사수 : 진화수(陳華修), 반련가(潘聯可), 윤애적(倫愛積)은 유리로 테를 두른 궁
등(宮燈) 2개, 크고 작은 사등(紗燈) 6개, 각등(角燈) 12개, 대각등(大角
燈) 1개를 두었다.

제11고 사수 : 하순사(何順士), 양혜진(楊惠珍), 소현방(蘇顯放)은 ■ 수를 놓은 금색 탁
자보 6개, 방석 12개, 의자 방석 2개를 두었다.

제12고 사수 : 하륭호(何隆號), 하현사(何顯斯), 하붕호(何朋號), 두무호(杜茂號), 윤정
적(倫定積)은 함께 역목장사(力木長士) 1개, 남목팔선대(楠木八仙台) 10
개, 의자 40개, 춘등(春凳, 등받이 없는 벤치형 의자) 20개, 채간(彩間)
1개, 대■(大■) 1개를 두었다.

위와 같이 여러 형태의 징수를 통하여 금륜회관은 상당한 액수의 자
금을 축적함으로써 수차례에 걸친 회관의 개수와 증축에 필요한 비용에
대응할 수 있었다. 예컨대 광서 2년(1876) 회관을 2번째로 중수할 때에는
"공적인 주머니가 두둑해져서 동전이 많아졌"기에 "기호마다 약간만 징
수"해도 되었고, 회관의 중수 비용을 충분히 댈 수 있었다고 한다. 이외에
도 1950년대의 견직물 공인들은 자신들의 선배들이 산위엔리(三元里)에
서 영국에 대항하는 투쟁을 벌인 일을 회고하면서, "전시에 금륜당은 자금
을 대었고 방직기를 돌리고 돌을 깎던 공인들도 힘을 보탰는데, 이는 금륜
당의 재력이 매우 탄탄하여 자금을 댈 수 있었기 때문이다"라고 언급한 바
있다. 이로 인해 산위엔리 인민의 항영 투쟁에 자금을 댈 수 있었다.

2. '기호'와 '기공' 간의 분쟁

회관 내의 19개의 비문에는 금륜회관의 역대 개수 공사와 조직, 제도, 운영 방식에 관하여 기술되어 있다. 이외에도 건륭 연간에 세워진 「금륜비기」는 건륭 원년(1736)과 건륭 14년(1749) 두 차례에 걸쳐 "기계공"들이 임금을 "기호"가 횡령했다고 관부에 기소한 사건을 기재하였다. 이를 통하여, 청대 광저우의 견직업에서 "기호(자본가)"와 "기계공(노동자)" 사이에 대립과 상호의존 관계를 볼 수 있다.

제1차 분쟁은 건륭 원년(1736) 11월 난하이현 시관 지역의 기공 양광동(梁廣同) 등은 난하이현과 광저우부 아문에 가서 점포의 주인들이 기계공들이 어렵게 번 돈을 횡령하고 있다고 고발하였다. 아울러 관부에서 이러한 상점들을 조사하여 떼어먹은 기계공의 임금을 되돌려주기를 요청하였다. 만일 관부가 요구를 들어주지 않는다면, 파업에 들어가겠다고 하였다. 정부의 관심을 끌려고 기계공들은 광동승선포정사(廣東承宣布政司) 아문에도 고소하였다.[10] 이렇게 등급을 뛰어넘어 상신하게 되면서 사태는 걷잡을 수 없이 커졌다. 정부는 사건의 전후 관계를 분명하게 한 뒤에 공정을 기하려고 먼저 기계공들에게 문제를 일으키지 말 것을 당부하면서 시장 상황마다 은자의 순도가 다르다고 달래었다. 다음으로 기호가 기계

---

10 (역자주) 청대 재판 제도에서 일반 백성이 소송이 발생할 경우, 1차적으로 소장을 제출할 수 있는 기관은 기초 행정 기관인 주현(州縣) 아문이었다. 주현아문에서 판결을 내리더라도 당사자가 불복하거나, 중대한 형사 사건일 경우에만 주현에서 상위 행정 구역인 부(府), 부보다 상위 행정 기관인 성(省)으로 심신(上申)되었다. 만약 백성이 주현을 거치지 않고 곧바로 부나 성의 직속기관인 승선포정사에 소장을 제출하는 것을 '월소(越訴)'라 했다. 월소 행위는 법률상 처벌될 수 있기에 월소 제기자도 처벌을 각오해야 했으나 그만큼 사안이 중대하다거나 억울함이 크다는 것을 행정당국에 강력히 호소할 수 있는 방식이기도 했다. 때문에 행정당국 역시 월소 안건을 중요하게 다뤘다.

공의 임금을 횡령하는 상황은 절대로 용인하지 않겠다는 성명을 발표하고
바로 난하이현의 현령에게 사건의 진상을 파악하도록 지시하였다.

모든 분규 발생 원인과 경과 및 관아의 비문(批文, 관아의 회답문)을
정확히 이해하려면 우선 청대 화폐 제도와 은의 사용 규칙을 이해해야 한
다. 청대에는 은자(銀子)와 동전(銅錢)의 병행본위제(並行本位制)를 실시하
였지만, 중점은 은자 사용에 맞춰져 있었다. 국내 대부분 지역에서는 상업
상의 대형 교역과 원거리 무역은 물론 정부 징세와 국가 재정 수지에 이르
기까지 모두 은량(銀兩)을 계산 단위로 하였다. 그러나 도량형이 통일되어
있지 않았기에 은량의 측정 단위(平砝)도 종류가 많았는데, 지역과 사용 단
위에 따라 달랐다. 이로 인해 오류가 빈번히 생겼다. 당시 가장 중요한 단
위는 고평량(庫平兩), 해관량(海關兩), 광평량(廣平兩), 조평량(漕平兩) 네 종
류였다.

광평량은 광둥의 중량 측정법으로 '사마평(司馬平)'이라고도 한다. 해
외무역에서 사용된 중량 단위로서 런던에서 표준적으로 통용된 은괴였던
대조은(大條銀)의 중량을 측량하는 데 주로 사용되었다. 광평량은 고평량
보다 약간 무거웠다. 은량은 유통 과정에서 중량을 측정해야 하는 것은 물
론 순도도 검사해야 하였기에 여러 사람을 거치면서 환산하는 것은 상당
히 번거로운 일이었다. 순도 면에서 보면, 청 초 중앙정부는 '문은(紋銀)'
을 표준으로 지정하였지만 민간에서는 순도 100%짜리 10성(十成, 1成은
10%), 90%짜리 9성(九成), 80%짜리 8성(八成), 70%짜리 7성(七成) 등 서
로 달랐다. 이 때문에 민간의 은자는 문은으로 환산하여 계산해야 했다. 문
은이라는 것은 전국적으로 통용된 가상의 표준 은으로, 순도는 935.374‰
이었으나, 실제로는 존재하지 않은 가짜 은량이었다. 실제로 유통된 것은
순도가 문은보다 낮은 '보은(寶銀)'이었다. 보은도 문은을 기준으로 환산한

다. 관아에서 발한 비문에는 '순도가 낮은 은을 혼합하여 품질이 떨어졌으며, 은자가 관에서 나갈 때는 가볍지만 들어오면 무거워진다(攙和低潮, 輕出重入)'라고 하기도 하였다. 이는 기호들이 정장(丁匠, 관아 소속 장인)들에게 임금으로 지불하는 은인 공은(工銀)을 제공할 때 순도가 9성에도 미치지 못하는 은량을 섞은 것을 의미한다. 또한 은량의 무게를 측정할 때에 '나갈 때는 가볍지만 들어오면 무거워'지기에, 지출에는 작은 저울(小秤)을 사용하고 수입에는 큰 저울(大秤)을 사용하였다. 이로 인해 장인들은 손해를 보았고 불만이 생겼다.

그러자, 난하이현과 광저우부는 물론 광둥성 포정사사(布政使司)는 모두 '기호들이 공장(工匠)의 은량을 지급할 때는 문은 순도의 9성에 맞춰 환산하고, 9성 이하 은을 사용하는 것을 금한다. 저울은 현행 사례에 맞추고 출입은 각각 9성과 8성에 맞춘다(嗣後機戶給發上匠銀兩, 照依紋色九成扣算, 不許搭用九成以下之銀, 其戥仍照行例, 出入均用九八)'라고 결론지었다. 이러한 관부의 방식은 실제로 눈앞의 분규를 잠재우려는 태도를 취한 것이었으며, 기호와 공장은 모두 한 발짝씩 물러났다. 기호 입장에서는 이들이 '재차 정례를 어기고 저질의 은량을 섞어 빈민들을 착취한다(再違定例, 混用低潮小戥剝削窮民)'라고 보았다. 공장 입장에서도 절충한 부분이 있으며 '저울은 현행 사례에 준하고 출입은 모두 각각 9성과 8성으로 하게' 되었다. 결국 관부는 양측이 양보하고 노동자와 장인들이 수가 많은 것에 의존하여 사달을 일으키는 일이 없도록 한 것이다. 이후 광저우부의 건의에 따라 포정사사에서는 이후에는 순도가 다른 은량을 섞어서 직공을 속이지 말며, 직공들도 직분을 지키고 다시는 사달을 일으키지 말라는 내용을 비석에 새겨 유시(諭示)하였다.

그러나 건륭 10년(1745) 비슷한 사건이 다시 발생하면서 난하이현은 건륭 원년(1736) 포정사사의 유시에 따라 다시 한번 유시하였다.

> 기호와 상점, 장인과 직공들은 잘 알아 두어야 한다. 이후 너희가 공은(工銀)을 지급
> 할 경우 원래 정해진 장정에 따라 문은 순도를 9절(九折, 9성과 같다)로 하고, 9명을
> … 정액 이상의 은은 조금이라도 뜯어내거나, 저열한 작은 저울로 지방 백성들을 착
> 취해서는 안 된다. 장인과 직공들은 직분에 따라 작업하여, 즉시 작업을 시작하고 상
> 례에 따라 직조하도록 하라. 표첩(標貼)을 붙여서 백성들을 미혹하거나 작업을 중지
> 하고 단체 행동을 보여 가격을 억지로 지정하거나 … 일을 일으켜서는 안 된다. 만약
> 이에 저항하거나 어길 경우 … 율(律)에 따라 심문하고 처리하며, 저마다 이 지시를
> 받들어 지키며 어기지 말라. 특별히 유시한다.

관부의 유시가 하달된 후, 금륜회관 내의 기호들도 모여 이 문제를
논의하였다. 토론을 거친 후에 「금륜비기(錦綸碑記)」를 새겨 넣어, 이후 직
공들의 임금을 뜯어내지 말기로 결의하였다. 건륭 연간 「금륜비기」 이후,
이와 비슷한 비문에는 기호와 장인 및 직공 간의 갈등과 관련된 기록은 더
는 없으며, 관부도 이들 양측의 갈등을 조정하는 유시가 없었다.

명청 시기 견직업 생산이 더욱 발달함에 비하여, 수많은 동업자 조직
이 있었던 쑤저우는 청대에만 기장(機匠)들이 '규헐(叫歇, 파업)', '정공(停
工, 작업 중지)', '제행(齊行, 단체 행동)' 등의 투쟁이 줄곧 그치지 않았다.
쑤저우 관부의 해결 방법은 광저우보다 훨씬 강경하여, 강제 일변도의 수
단을 통하여 기호들의 입장에 서서 해결하고자 하였다. 그러나 효과는 오
히려 광저우보다 못하였다. 금륜회관의 관련 상황과 관부의 태도를 통해,
광저우 관부와 금륜회관이 직공과 기호 간의 갈등 가운데에서 조정자 역
할을 수행하였음을 알 수 있다.

3. 금륜회관과 주강 삼각주 사회

　　청 말에 이르면 주강 삼각주 각지에 금륜당의 세력이 활동하고 있었다. 금륜당은 광동의 성성(省城, 즉 광저우)과 난하이 및 판위 두 현, 난하이현 소속 포산진(佛山鎮)의 견직업 직공인 '기방공인(機房工人)'의 동업자 조합 조직이다. 앞에서 언급한 바, 금륜당 직공의 인원수가 많고 역량도 크며 무예를 많이 익혔으므로 이렇게 부지불식간에 사회상 일종의 강력한 조직이 되었다. 시차오는 포산을 제외하고는 난하이현 견직업자들이 비교적 많은 지역이다. 지엔춘(簡村), 다강(大崗), 민러스(民樂市), 다쉬웨이(大素圍) 등 수십 개의 향촌만 하여도 기방공인이 3, 4천 이상이 되었다. 이들 가운데에는 비단 짜기, 날실에 풀 먹이기, 씨실 정리하기, 실타래 만들기 등 각종 과정에 종사하는 직공들이 있었다. 시차오의 금륜당 안에는 수재(秀才)나 공생(貢生)과 같은 문인들도 초빙하여 문서를 담당하는 서기로 삼고, 사건이 발생하면 소장을 작성하거나 관아에 신고하러 갈 때를 대비하였다. 이들에게는 '필금(筆金)'이라는 봉급을 주었는데, 매년 은 156량에서 200량에 이르렀으며, 명절에는 선물을 주기도 하였다.

　　1880년대 난하이현의 지현(知縣, 현 장관) 서갱승(徐賡升)도 난하이현 장푸(江浦), 지우장(九江), 시차오 일대 기공은 1만 명 이상이라고 한 적이 있다. 서갱승은 "시차오 일대에는 기공이 3, 4만 명이며 사사로이 금륜당이라는 이름으로 당을 세우고 머릿수가 많은 것만 믿고 제멋대로 행동하고 향리를 업신여기고 있다. 그중에는 관의 지시에 저항하며 체포를 거부하여 죄를 범한 적도 있었다. 건륭 연간을 포함하여 기방 공인과 기호의 두 차례 분규에서 공인이 관부에 상고하면 관부가 직접 답하였고 신속히 분규를 처리하였다. 아마도 당시 금륜당 직공들의 강력한 세력 탓에 그렇게 처리한 것으로 보인다.

1840년 제1차 아편전쟁이 발발하면서 광저우의 견직업 직공들이 산위엔리 항영 투쟁에 참여하였다. 많은 사서에서 다음과 같이 분명하게 기록하였다. '전투 시에 견직공들이 선사묘(先師廟)에서 출정하였다. 이들은 칠성기(七星旗)를 들고 있었다. 가장 많을 때에는 1,000여 명이나 출전시켰다. 그들은 … 산위엔리를 공격하였고 농민들과 함께 작전을 펼쳤으며, 몇 차례 격렬한 전투를 펼쳤다.' 어떤 사료에서는 청 말 주강 삼각주 지역 견직공과 화남(華南)에서 활약한 천지회(天地會) 조직이 관계가 있다고 기록했는데, 이는 주강 삼각주 지역 견직업 동업자 조직이 청대 중엽 세력이 이미 강대하였으며, 광둥성성인 광저우에 금륜회관뿐 아니라 난하이, 순더, 판위 등의 현에 속한 촌락에도 금륜당 세력이 있었음을 보여준다.

요컨대 18~19세기 금륜회관은 주강 삼각주 사회에서 중요한 역할을 하였다. 직군 내 분규 혹은 지방 군사 행동을 해결하기도 하였으며, 이금(釐金) 납부 저항 운동에도 금륜당은 적극적으로 참여하였다. 행동 과정 중에는 강한 조직 능력과 행동 능력을 드러내기도 하였다.

4절 광단과 월수 : 고급 광둥 비단 품종의 연이은 등장

명청 시기, 고급의 광둥 비단 품종이 연이어 등장하였다. 특히 주단 (綢緞)과 자수(刺繡) 제조업은 상당히 시선을 끌 만하다. 이 두 제품 모두 농후한 영남의 풍격을 지녀 '광단(廣緞)'과 '월수(粵繡)'로 지칭되고 있다.

1. 광단

광단의 표현 기술은 독특하고 장식 효과는 매우 강력하다. 무늬의 윤곽과 선은 세밀하고 선명하며, 색조 배합은 산뜻하고 복잡하면서도 어지럽지 않다. 도안에 들어간 꽃의 모습은 아기자기하고 자잘하지만 꽃무늬의 윤곽과 선은 자연스럽고 세밀하다. 색조 배합에서 보통 대비 효과가 강한 대비색을 사용하기도 하여 광채가 눈부시고 열광적인 시각 효과를 조성한다. 다음 두 사례를 들어 특징을 설명하고자 한다.

〈그림 5〉와 〈그림 6〉 두 폭의 광단은 모두 청대에 만들어진 것이다. 전자의 제조 연대는 약간 이르며 주단의 재질은 녹색으로, 녹색, 적색, 황색, 갈색, 백색 등 여러 색깔의 실이 서로 뒤엉켜 복잡한 씨실과 날실의 결을 짜내었다. 후자는 광서(光緒) 연간 조정에 올려진 공물(貢物)로, 백색, 연자주색, 진홍색, 장미자주색, 연두색, 황금색 등으로 채색된 융사(絨絲)를 씨실로 하고, 여기에 북을 통과시켜 날실을 사이사이에 넣어 직조한 것

 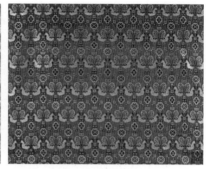

〈그림 5〉 녹색 바탕 화접문 광단　　　　　〈그림 6〉 남색 8매 경면단(經面緞)

이다. 직물의 주요 무늬는 서로 마주 보고 싸우고 있는 수탉 두 마리이며, 마름모꼴의 화초 무늬가 주위를 두르고 있다.

광단의 직조술은 아주 이른 시기에 나타났으며, 청 전기에 벌써 아주 높은 수준에 이르렀다. 강희 연간 굴대균의 「죽지사」에도 '오사와 팔사는 광단(광저우 비단)이 최고이니 은전이 십삼행에 가득 쌓였네(五絲八絲廣緞好, 銀錢堆滿十三行)'라고 언급되어 있다. 당시 중국 밖 해외에서도 귀한 대접을 받는 광둥 견직품은 광사(廣紗)뿐만은 아니었으며, 광단의 매력이 외국 상인들을 사로잡았고 대량 구매로 이어졌다. 이에 따라 중국 상인들은 거액의 이윤을 획득하였고 은원(銀元)과 금폐(金幣)가 십삼행의 창고에 쌓이게 되었던 것이다. 『광주부지』의 기록에 의하면, 광저우와 포산 등에서 생산된 주단은 광채는 찬란하고 윤기가 나며 색채와 광택이 산뜻하여, 금릉(金陵, 현재의 난징)과 소항(蘇杭, 현재의 쑤저우와 항저우)의 주단이 이에 미치지 못하였기에 큰 환영을 받았다고 전한다.

또한 바로 이 때문에 청 옹정 연간에 이르면 삼사(三絲), 오사(五絲), 팔사(八絲)와 같은 광단의 품종들이 광둥 견직물 생산 분야에 있어 중요한

〈그림 7〉 꽃무늬 주단

〈그림 8〉 광단으로 제조한 복식

직종이 되어, 금륜회관 창건 과정에서 상당히 큰 역할을 발휘했다.

이와 동시에 광단 방직 기술은 여러 지방에서도 중시되었다. 소항 지역과 같이 견직업이 상당히 발달한 지역에서도 이를 배워 모방하였다. 타이완 중앙연구원(中央硏究院)이 소장하고 있는 청대 당안(檔案) 중 순치(順治) 10년(1653) 소주직조공부우시랑(蘇州織造工部右侍郞) 진유명(陳有明)이 상주한 보고서의 제목은 '삼조팔단룡(三爪八團龍) 및 현청(玄靑) 도안이 들어간 광단 14필을 직조하여 삼가 진헌하오니 살펴보시고, 만약 양식에 부합하여 이전대로 하기에 충분하다면 직조하여 베이징으로 해송할 것이며, 이외에도 어용포복(御用袍服)에 감수하지 않은 부분이 약간 있어 돈으로 바꾸기 힘들어 백성들의 창고에 오래 보존되었지만 안타깝게도 습기를 먹어 눅눅해졌으니 논의하여 포상으로 하사할 것에 관한 일을 보고합니다(揭爲織造三爪八團龍幷玄靑廣緞十四匹恭進睿覽, 如合式以便照樣造解, 另御用袍服稍有不勘者不便變價, 於民庫存日久浥蒸可惜, 議用以賞賜)'라는 것이었다. 이 보고서가 우리에게 알려주는 것은, 청 건국 초기 광단 생산 기술이 이미 소항 지역에 전파되어, 공물을 직조하였을 때도 중점적으로 채용되었다는 것이다. 이때 직조관(織造官)이 직조하여 공물로 진헌하였던 것은 삼조팔 단룡과 현청 도안이 들어간 광단으로, 온화하고 화려하면서도 고급스러워 매우 귀한 대접을 받았을 것은 틀림없다.

2. 월수(粵繡)

월수(粵繡)는 광둥에서 오랫동안 유행한 전통 자수 공예로, 역사가 깊고 기술이 뛰어나, 영남 문화의 가장 깊은 특징과 독특한 예술적 매력을 지니고 있다. 뛰어난 기법과 풍부한 문화 내용으로 월수는 장쑤성의 소수(蘇繡), 후난성(湖南省)의 상수(湘繡), 쓰촨성(四川省)의 촉수(蜀繡)와 함께 '중국 4대 명수(名繡)'로 불린다. 월수는 다시 지역 차이에 따라 광저우 자수인 광수(廣繡)와 차오저우(潮州) 자수인 조수(潮繡) 두 종류로 나눌 수 있다.

(1) 광수(廣繡)

광수(廣繡)는 광저우 일대에서 유행하는 자수 공예이다. 광수가 생산된 지는 이미 천여 년이 넘었다. 앞서 당대의 유명한 자수가인 노미낭(盧媚娘)은 초창기 광수 공예가를 대표하는 인물이다.

1957년 광저우시 인근에서 발견된 명 정덕(正德) 연간의 무덤에서 금실과 은실로 수놓은 명대 의복 몇 점이 출토되었는데, 그 정교함이 놀라울 정도였다. 또한 일본에 유입된 봉황만초문(鳳凰蔓草紋) 옷감 조각은 평금침법(平金針法)으로 수놓은 봉황문양으로 화려하고 훌륭하며, 투침(套

針)¹¹이나 쇄수(鎖繡)¹² 등의 침법으로 수놓은 만초문은 생동감이 넘치게
표현되어 있어 명대 광수의 독특한 기예를 잘 보여준다. 이 유물들은 현존
하는 광수 중에서 비교적 이른 시기에 제도된 자수 작품이다.

명대 광수는 이미 매우 수준 높은 기예를 갖추고 있었다. 동시대의
선비인 주계검(朱啓鈐, 1872~1964)은 그의 저서인 『존소당사수록(存素堂
絲繡錄)』에서 광수를 다음과 같이 평가하였다.

> 바늘은 솜털보다 가늘고, 바늘이 들어가는 방식은 원칙을 벗어나지 않았다. 도구는
> 간단하지만 화려하고, 무늬는 감춰졌지만 선명하게 드러난다. 말총을 꼬아 실을 만
> 들고 이것으로 다시 윤곽을 그려 윤곽 무늬는 자연스럽고 세밀함이 뚜렷하지만, 바
> 느질한 흔적을 찾을 수 없으니 이는 천의무봉의 경지다.

청 강희 24년(1685) 광둥에 해관(海關)이 설치되면서 주강 삼각주 지
역의 자수 작품이 해외에서 각광을 받았고, 민간의 가내수공업에서 벗어
나 상업화 생산의 길로 들어서면서 급속히 발전하기 시작했다. 베이징고
궁박물원(北京故宮博物院)에는 이 시기의 광수 걸개 액자를 소장하고 있는
데, 길이 5척 5촌, 너비 1척 3촌으로 왼쪽 위 귀퉁이에 홍목(紅目)을 수놓았
으며, 주위에는 회색빛 구름무늬가 둘러쳐져 있어 홍목을 두드러지게 하
며, 그 중심에는 오래된 자등(紫藤)과 10여 마리의 금계, 앵무새, 구관조 등
이 날거나 쉬고 있으며, 세 마리의 면양이 나무 밑에 흩어져 풀을 뜯고 있

---

11 (역자주) 투침(套針) : 소수(蘇繡)의 침법 중 하나이다. 단투(單套), 쌍투(雙套), 목소투(木
     梳套), 집투(集套), 편모투(偏毛套), 활모투(活毛套) 등으로 나뉜다.
12 (역자주) 쇄수(鎖繡, chain stitch) : 자수실로 바늘코를 사슬 모양으로 말아서 짜는 기법으
     로, 무늬가 쇄사슬(鎖鏈)을 이어놓은 것처럼 보인다고 해서 유래되었다.

다. 복잡한 광수 침법, 변화 다단한 바느질, 세밀한 원칙으로 짜인 바늘땀, 섬세한 자수 기교, 화려하면서도 아름다운 배색, 구도가 선명하고 풍부한 층차감, 수놓은 형상이 담고 있는 생동감 넘치는 모습 등의 특징을 전반적으로 구현하고 있다.

침법과 벽용(劈絨)[13]기법은 북방의 거칠고 굵은 산둥성 노수(魯繡)보다 섬세하고, 문양의 디자인은 강남 규방의 세수(細繡)[14]기법보다 화려하며, 옅은 황색의 비단 바탕에는 여백을 거의 두지 않고, 새·짐승·풀과 나무·꽃을 수놓았다. 새들은 다양한 모습을 띠어 똑같이 표현한 것이 없으며, 꽃과 나무들도 우아한 자태를 보이면서 살아있는 것 같다. 양(羊)은 역동적이고 생동감이 넘친다. 서양화의 사실적 묘사 기법에 중국 전통 회화의 수묵화 품격이 어우러져 화려하면서도 우아함을 잃지 않는 정취에 이르렀다. 배치와 구도는 광둥의 공필담채(工筆淡彩)[15]와 평포직서(平鋪直書)[16]의 전통을 뛰어넘었을 뿐만 아니라 서양화의 예술적 풍격을 받아들인 것이 역력하다.

건륭 연간, 광수에 대해 동업자 조직인 금수행(錦繡行)이 설립되있는데, 회명은 '기란당(綺蘭堂)'이라 하였다. 각 대수장(大繡莊)마다 돌아가며 모임에서 집행할 수 있는 권력을 맡았으며, 가장 성행했을 때는 수공

---

13 (역자주) 벽용(劈絨) : 벽사(劈絲)라고도 하며 광수의 전통 기법이다. 실 한 타래는 30가 닥으로 이뤄져 있으며, 1가닥은 털실(絨) 2가닥으로 만드는데, 실 1가닥의 털실 2가닥을 쪼개고 그 끝을 1마디 정도 꼬아 1가닥으로 만들고 바늘구멍에 넣는다.

14 (역자주) 세수(細繡) : 중국 자수 기법의 하나로 '평수(平繡)'라고도 한다. 옷감 위에 제침 (齊針), 윤침(掄針), 투침(套針), 수화침(攙和針), 시침(施針) 등의 침법으로 수를 놓는 방식이다. 섬세하여 미세한 부분까지 낱낱이 드러나며, 풍부한 질감을 드러낸다.

15 (역자주) 공필담채(工筆淡彩) : 물을 투명하게 하여 색을 칠하는 공필(工筆, 화면 가득하게 세밀하게 그리는 화법, 밀화(密畫)라고도 함) 화법

16 (역자주) 평포직서(平鋪直書) : 특별하게 수식을 더하지 않고 직관적으로 알 수 있게 표현

〈그림 9〉 광수 백조쟁명삼양개태도(百鳥爭鳴三 〈그림 10〉 광수 산수어독도(山水漁讀圖)
羊開泰圖)

(繡工) 3,000여 명, 수장(繡莊) 50여 가(家)였다. 쫭위엔팡(狀元坊)·신성지에(新勝街)·사몐(沙面) 일대에 많았다. 동시에 포산에는 10여 가의 수방(繡坊)이 차오관리(朝觀里)와 창싱지에(長興街)에 있었다. 이 중 양합룽(梁合隆)과 복흥룽(福興隆)은 미국·캐나다 및 동남아로 수출하는 업무를 담당하였다. 난하이와 순더의 농촌에는 선대(先貸) 업종에 종사하는 사람들이 약 3, 4천 명이었다. 청 중엽에 이르러 월극(粤劇)과 월곡(粤曲) 공연이 번성함에 따라 광수는 새로운 품종인 월극 무대의상까지 제작하게 된다. 이를 '영장(伶裝)'이라고도 한다. 당시 광저우 쫭위엔팡에서 제작한 무대의상은 중국 내에서 명성이 높았고, 청 궁정 소속 극단인 희반(戲班)에서도 이름을 듣고 찾아와 주문 제작하였다. 광서 26년(1900), 광둥성 해관을 거쳐 수출된 자수 제품의 가치는 약 은 49만 7,000냥에 달하였다.

〈그림 11〉 석청단(石青緞) '보생창(寶生昌)' 상호의 화조대괘장(花鳥大掛帳)

청말 석청단(石青緞)을 전문 생산하던 '보생창(寶生昌)'의 작품인 이 광수 화조대괘장(花鳥大掛帳)은 길이 382cm, 너비 231cm 크기로, 화면을 가득 채운 화미조(畵眉鳥)·물총새·까치·꿩 등 진귀한 조류 45마리, 동백꽃·목련꽃·복숭아꽃·모란꽃·난초 등 수십 종류의 꽃, 그리고 왼쪽 아래에 이를 제작한 가게 이름인 '보생창(寶生昌)'이라는 세 글자를 수놓았다. 전체적인 걸개의 구도는 빈틈없이 꽉 차 있으며 층차도 풍부하여 입체적일 뿐 아니라, 바느질 기법도 복잡하고 조밀하며 배색도 화려하기에 예술적 가치가 아주 높다. 또한 가게 이름을 수놓아서 해외로 수출되는 광수 가운데 제작자를 의미하는 낙관(落款)을 볼 수 있는 보기 드문 작품 중 하나다.

광수는 대외무역에 발맞춰 발전해온 것이기에, 상품성과 실용성 면에서 상수·소수·촉수보다 뛰어나다. 광수 공예가 위더(余德)의 '공작모란(孔雀牡丹)'은 비단 주머니를 자수한 것으로, 오로지 황후에게만 진상한 것이기도 하다. 이 비단 주머니는 길이 2촌, 너비 1촌 8푼에 불과하며, 앞면에는 공작모란을, 뒷면에는 원앙(鴛鴦)이 물놀이하는 것을 수놓아 황후에게 상을 받았다. 광서 32년(1906) 광둥공예국(廣東工藝局)은 영남에서 유명한 화가인 고검부(高劍父, 1879~1951)를 광저우빈화예술학교(廣州斌華藝術學校) 교장으로 초빙하였으며, 교내에는 회화, 자수, 조각 등의 공예훈련반을 설치하였다. 여러 화가가 직접 참여함으로써 광수의 예술성이 급격히 향상되었다. 어떤 자수 작품은 색깔이 서로 대비되고 먹은 축축하여 흔적도 보이지 않게 필묵을 뒤섞었기에, 유의하여 보지 않으면 그것이 광수인지도 알 수 없었다.

선통(宣統) 3년(1911), 광저우빈화여예원(廣州繽華女藝院)의 여러 자수 제품은 남양통상산업대신(南洋通商産業大臣)이 남양에서 주최한 남양권업회(南洋勸業會)에서 우수상을 받았고, 위더의 '공작모란하포(孔雀牡丹荷包)'는 이등상을 받았다. 민국 4년(1915), 위더의 자수품인 '잠자는 사자(睡獅)', '모란공작도(牡丹孔雀圖)', '사각대화피건(四角大花披巾)'은 미국 샌프란시스코(San Francisco)에서 열린 만국 파나마 박람회에서 수상하였다. 민국 14년(1925), 광수 공예가 모푸(莫傅)가 섬세하게 수놓은 레닌(V. Lenin) 초상이 모스크바(Moskva) 레닌기념관에 소장됐다. 황메이(黃妹)의 '당명황유월궁(唐明皇遊月宮)', '팔선과해(八仙過海)', '도원결의(桃園結義)', '반부침금어(半浮沈金魚)'도 유명하다. 민국 15년(1926)에서 25년(1936), 광수 제품은 스페인의 대리인을 통해 유럽, 미국, 남양 등지에 팔렸다. 4×4인치 꽃수건 한 장을 백은 40~50원에 팔았으며, 무게 1전(錢, 약 5g)의 실로 자수한 품삯은 은원(銀圓) 3호(毫) 5푼(分), 즉 0.35원(元)에 이른다. 1인당 하루에 2전(錢)을 수놓았다. 성 전체 자수 종사자는 1만 3,100여 명으로, 광저우·포산·순더에 각각 3,000여 명이 있었다.

중화인민공화국 건국 이후 광수는 전통을 계승하며 혁신을 꾀했고, 특히 개혁개방정책(改革開放政策)이 실행된 이후 63종의 제품이 '중국공예미술백화상(中國工藝美術百花獎)'과 '경공업부문우수제품상(輕工業部優質産品獎)'을 수상하여 새로운 쾌거를 이루었다. 이 모든 것은 월수를 이어온 명인들의 자수 공예의 전승 및 발전과 떼려야 뗄 수 없는 관계에 있다. 월수 명인 천샤오팡(陳少芳, 1937~)은 수십 년 동안 월수 공예에 심혈을 기울여 '천씨광수'만의 독특한 '견사색채구성법'을 만들어냈다. 그의 작품 '아침햇살(晨曦)'은 '1982년 전국공예미술백화대회'에서 대상에 해당하는 금배상(金杯賞)을 받았다. 대형 화조자수(花鳥刺繡) 두루마리인 '영남금수(嶺南錦繡)'(길이 13.8m, 높이 1.2m)는 중국화의 대가 관산위에(關山月)의 눈에 띄어 '광수는 시대를 가르는 세기의 작품'으로 높이 평가하였고, 친필로 '영남금수(嶺南錦繡)' 네 글자를 써주었다. 진주로 자수를 놓은 대형 병풍 '마도공성(馬到功成)'(길이 3m, 높이 2m)은 '광둥성 제1회 공예미술 명가명작전시회(廣東省首屆工藝美術名家名作展覽)'에서 금상을 받았다. '현대광수정품화(現代廣繡精品畵)' 역시 '광저우시 제1회 관광공예품 창작대회(廣州市首屆旅遊工藝品創作大賽)'에서 관광공예품 부문 2위를 차지했다.

2006년에 광수는 국가급 무형문화재 대표작 명단과 광둥성 민간문화유산 보호 사업에 선정됐다. 최근 광수는 공예와 기술의 혁신에 있어 큰 성과를 거두었고 제재는 나날이 확대되고 있으며, 종류도 끊임없이 늘어나면서 50여 개 국가와 지역으로 수출되고 있다.

기나긴 발전사 속에서 광수는 끊임없이 자기 혁신과 광범위한 융합을

〈그림 12〉 '영남금수(嶺南錦繡)', 천샤오팡(陳少芳) 작

〈그림 13〉 목재와 나전으로 만들고 화조 자수 그림을 단 박고용 병풍

거쳤고, 명 중후기에 이르면 자신만의 특색을 갖추었다. 첫째, 다양한 실을 사용하였다. 견사와 털실 이외에도 공작 깃털(孔雀毛)을 비벼 꼬아 굵은 실을 만들었다. 「광둥신어」에는 '공작털로 실을 뽑아 악보나 운견(雲肩, 어깨에 걸치던 여성용 복식) 혹은 소매 끝에 수를 놓으니, 황금빛과 푸른빛에 눈이 부셨다(以孔雀毛績爲線縷, 以繡譜子及雲肩袖口, 金翠奪目)'라고 전한다. 또는 말총을 꼬아 털실을 만들기도 하였다. 둘째, 색깔을 선명하게 하거나 대비를 강하게 하여 화려한 효과를 내었다. 셋째, 자수 문양 윤곽선에 금실을 많이 사용하였다. 넷째, 장식 문양이 풍부하고 풍만하며 떠들썩하면서도 통쾌하다. 다섯째, 대부분 남자들이 수공예 전통을 잇는 것이 독특하다.

오늘날 광수는 크게 감상품과 실용품 두 종류로 나눌 수 있다. 감상품의 종류로는 희경괘화(喜慶挂畵)[17]나 좌병(座屛)[18]등이 있으며, 실용품의 종류로는 관아의 대청에 펼쳐놓는 용도, 사당에 사용하는 장막 용도, 침대보, 의류, 깃발 장식, 오색실 자수로 꾸민 상자(五彩線繡方)·여성용 긴 숄 등이 있다.

이 광수 화조로 고풍스럽게 장식된 병풍은 자단나무 받침으로 삼고, 나전을 박아 넣고 금속으로 테두리를 둘렀다. 그림 중심에는 백색소단(白色素鍛)에 고풍스러운 문양을 수놓았고, 여백에는 메추라기, 참새, 바위, 작은 돌, 풀벌레 등의 도안을 수놓았다. 이는 청말 유행한 '박고도(博古圖)'[19]가 변해 온 것으로, 궁정에서 탁자 위에 올려놓고 감상하려고 만든 것이었다.

54×54cm 크기의 광수로 제작된 정방형 숄과 두건, 목도리는 광둥

---

17 (역자주) 희경괘화(喜慶挂畵) : '복(福)'이나 '진보초재(進寶招財)'와 같이 좋은 의미를 담은 글자를 종이에 쓰거나 자수로 만들어서 벽에 거는 중국 풍습, 혹은 그러한 글씨나 그림을 말한다.

18 (역자주) 좌병(座屛) : 의자나 좌석 뒷자리에 두는 목제 병풍을 말한다.

19 (역자주) 박고도(博古圖) : 표면에 그림이 그려진 장식용 기물(器物)인 '박고(博古)'에 그려진 그림을 말한다.

〈그림 14〉 백단(白緞) 광수 꽃다발무늬 스카프 (광둥성박물관 소장)

비단으로 만든 전통 제품으로, 감상과 실용의 목적을 겸하였으며 100여 년이 넘는 수출의 역사를 지니고 있다. 그중에서 특히 꽃 자수 숄은 한 변이 4척(약 133.2cm)인 정방형 비단에 오색찬란한 도안을 촘촘히 수놓아, 마치 꽃다발로 둘러싼 꽃바구니처럼 보여, 몸에 두르면 화려하면서도 고귀한 자태가 드러나 사람들의 이목을 끌었다. 그 때문에 오랫동안 잘 팔려 그 인기가 식지 않았는데, 유럽 특히 스페인 사람들에게 큰 사랑을 받는 등 매우 높은 명성을 누리고 있다.

광둥성박물관(廣東省博物館)에 소장되어 있는 이 백단(白緞) 광수 꽃다발무늬 스카프는 청대에 수출되던 실용품 중 하나이다. 길이 167cm, 너비 167cm로, 백단을 바탕으로 하여 네 귀퉁이에 대칭적인 꽃다발 문양을 채색시켜 수놓았으며, 테두리는 안에서 바깥으로 각각 리본 모양의 꽃, 가지나 줄기를 두르는 식물, 덩굴 식물 문양 둘레를 한 바퀴씩 수놓았으며, 사방은 격자무늬와 길게 늘어트린 술을 엮어 장식하였다. 모든 바늘땀 하나하나 섬세하고 가지런하며, 색채가 선명하고 화려하여 좀처럼 보기 드문 우수한 작품 중의 하나이다.

광수에 사용되는 기본 재료는 벨벳, 생사, 금실, 은실, 금털실 혼합 등 몇 가지 종류가 있다. 그중에서도 금실과 은실을 사용한 자수는 특히 장식성이 뛰어난 것 외에도 구도가 풍성하고 균형 잡혀 있으며, 색채는 휘황찬란하여 아름다우면서도 화려하게 보인다. 자수 기법에는 '고정하기

[釘], 메우기[墊], 맞붙이기[拼], 붙이기[貼], 깁기[綴]’ 등의 다섯 가지가 있다. 이 중 일부 기법은 난도가 높을 뿐 아니라 요구되는 것도 많다. 정금(釘金)[20]과 점부(墊浮)[21] 두 기법으로 용 비늘과 물고기 비늘을 입체감 있게 하는 기법은 자수 공예에서는 최고난도 기법으로 여긴다. 광수 작품은 재료와 바느질 기법에 따라 반금(盤金) 자수와 벨벳 자수 두 가지로 나뉜다. 전자는 금실을 위주로 하여 구도가 풍만하고 황금빛과 푸른빛이 휘황찬란하며, 경쾌하고 활발하다. 후자는 사용하는 실타래가 가늘기에 색채는 섬세하고 미묘하며, 바느질 기법은 풍부하고 다양하여 문양이 또렷한데, 수놓은 꽃과 새가 특히 아름답다. 월수에는 여러 새들이 봉황을 따르는 ‘백조조봉(百鳥朝鳳)’, 바다의 물고기와 새우를 형상한 ‘해산어하(海產魚蝦)’, 불수감(佛手柑)이나 여러 과일을 묘사한 ‘불수과과(佛手瓜果)’ 등 지역 특색이 있는 소재를 자주 사용한다. 자수공은 대부분 남자가 담당한다. 수놓은 물품들의 종류는 아주 다양하여 이불, 베갯잇, 침구, 숄, 두건, 무대 휘장, 자수 놓은 옷, 신발과 모자, 무대의상 등이 있으며, 이외에도 경병(鏡屛),[22] 걸개[挂幛], 현수막[條幅] 등이 있다.

　　광수의 색채도 두 가지로 나뉘는데, ‘위채(威彩)’는 비교적 풍만한 색채를, ‘담채(淡彩)’는 세 가지 간색(間色)[23]을 중심으로 구성된다. 색조는 자

20　(역자주) 정금수(釘金繡) : 금은수(金銀繡)라고도 한다. 금실과 은실을 주재료로 하고 털실을 보조 재료로 하는 자수법이다. 금실이나 은실로 못[釘] 모양을 만들어서 넣는 기법이다.

21　(역자주) 점부수(墊浮繡) : 점수(墊繡) 혹은 부수(浮繡)라고도 한다. 수를 놓기 전, 도안 무늬 위에 면사(棉紗)를 덮고[墊] 그 위에 수를 놓아 문양이 돋아나게[浮] 하는 기법이다. 이 기법을 사용한 자수 작품은 입체감을 느끼게 한다.

22　(역자주) 경병(鏡屛) : 거울을 받치는 도구로서 이 도구에 자수를 놓은 것을 말한다.

23　(역자주) 간색(間色) : 청색, 적색, 백색, 흑색, 황색의 오방색(五方色) 중에 두 가지를 섞어서 표현한 색깔을 말한다. 녹색(황색과 청색), 홍색(백색과 적색), 벽색(청색과 흰색), 자

〈그림 15〉 주수로 만든 손가방

수 품목에 따라 정해지는데, 예를 들어 수를 놓은 희장(喜帳, 결혼식에 사용하는 휘장)에는 위채를, 수를 놓은 서재 용품에는 담채를 사용한다.

대체로 명대에 이르면, 구슬로 수놓는 주수(珠繡)라는 특수한 기법이 광수로부터 파생되어 나타났다. 주수가 성행하게 된 것은 명대 희극 무대의상인 희복(戱服)에서 비롯되었다. 월극에서 구슬과 아교 조각[膠片]으로 만들어진 새로운 희복이 유행하면서, 색깔 털실로 수를 놓은 희복을 대체하여 한 시대를 풍미하였다. 당시 희복 제조업에 종사한 공예가들이 구슬과 아교 조각을 이용해 용량이 작은 손가방과 지갑을 만들고, 희복을 구입한 희반(戱班, 극단)과 개인에게 선물하였다. 이것이 중국 전통 주수 손가방의 원조이다. 주수 기법은 크게 평침(平針)과 철침(凸針) 두 가지로 나눌 수 있다. 주수를 이용한 제품 중 중요한 것은 손가방, 허리띠, 신발, 의복, 걸개그림 등이 있다.

주수 손가방은 해외 시장에서 비교적 잘 팔리는 일용 공예품으로, 주로 유럽과 미국, 중동, 아프리카, 동남아시아 지역으로 수출되고 있다. 만찬 등 저녁에 휴대하는 것으로 낮에 가지고 다니는 경우는 드물다. 등불 아래에서 보면, 구슬, 관, 아교 조각이 미묘한 빛을 굴절시켜 독특한 효과를 내기 때문이다. 또한 각국 시장마다 선호가 다르다. 유럽과 미국 시장에서는 손가방의 색깔이 옅으면서 우아하며 부드럽게 조화되는 색상을 선호하기에, 백색, 은색, 그리고 수정처럼 투명한 색 등의 구슬로 백색의 점

색(적색과 흑색), 유황색(흑색과 황색)이 있다.

잖은 암화(暗花)를 이룬 손가방을 좋아하며, 일부 중년과 노년의 여성들은 검은 구슬이 자수되어 있는 손가방을 선호한다. 동남아에서는 구도가 비교적 섬세하고 대칭적인 도안이나 종교적 색채가 있는 무늬의 손가방을 좋아한다. 색깔은 황금빛과 푸른빛이 휘황찬란하고 고색창연한 것을 좋아한다.

(2) 조수(潮繡)

조수(潮繡)는 차오저우(潮州) 지역에서 형성된 월수의 한 계통으로, 소수민족인 리족(黎族)에게서 시작되었으며 채색 비단인 직금(織錦)과 근원이 같다는 전설이 있다. 조수는 지역색이 강하고 구도가 풍성하고 균형 잡혀 있으며 기법이 다양하고 무늬가 선명하며, 금실과 은실로 테를 두르고 우뚝 도드라지게 하였으며, 색채는 농염하고 장식성이 뛰어나, 특히 부조 효과가 있는 점고수법(墊高繡法, 밑그림을 그린 후 여기에 자수를 놓아 입체감을 살리는 기법)이 다른 자수 방법과는 유독 다르다. 이외에도 황금색과 푸른색으로 호방하면서도 소탈하고 웅장한 부조 효과를 내는 정금(釘金) 기법이 이목을 끌면서 사당이나 회소(會所)의 장식과 경사에 사용하는 데 적합하다. 명 정덕(正德) 연간 차오산(潮汕) 지역은 경제문화가 발달하여 사당과 사원이 많았고, 민간에서는 신을 맞이하는 축제가 매달 열려 바로 '정월에 다는 등불, 2월의 희극, 청명절의 성묘, 신대(神臺)의 장막은 용을 그리고 봉황을 수놓으며, 사녀(仕女, 중국 전통 미인도에 나오는 여인)의 옷차림은 모두 채색 비단으로 한다(正月燈, 二月戲, 淸明墓祭, 神臺帳幔, 描龍繡鳳, 仕女穿戴, 鹹施彩繡)'라는 이 지역 속어(俗語)에 부합한다. 신탄일(神誕日)마다 지역 사람들은 신에게 제사 지내기를 원했고, 신의 조각상에 두르는 도포인 신포(神袍)는 해마다 새로 만들어졌다. 그래서 관아에는 무늬를 수놓는 수화장(繡花匠)이 있어 관리들의 옷과 장신구에 수를 놓았다. 시장에는 전문적인 자수 공방이 있고, 또 수많은 민간인이 부업으로 자수를 놓기도 하였다. 1949년에 출간된 『조주부지(潮州府志)』에는 '무릇 여자아이가 열한두 살이면 어머니는 아이의 혼례복을 미리 준비하면서 옷감을 짜고 수놓는 기술을 가르쳤으며 집안 관리인이 있어도 결코 가르침을 폐하지 않았다(凡女子十一二歲, 其母卽爲豫治嫁衣, 敎織袵刺繡之功, 雖管家不廢也)'라고 하였다. 청 건륭 연간, 차오저우 서문 밖 천지단(天地壇), 푸수지에(布梳街)와 개원사(開元寺) 부근에는 이미 20여 개의 자수 상점이 있었다. 동치 연간과 광서 연간에 각 자수 상점에서는 외주를 주어 가공하는 방법을 사용했는데, 가정 부녀자들을 조직하여 대량으로 자수를 놓기도 하였다. 이렇게 만들어진 자수 제품은 동남아 각국으로 수출되어, 차오산 지역의 중요한 부업이 되었다. 따라서 '차오저우의 구슬을 수놓는 여자는 밭일을 면하고, 은 바늘로 수를 놓으면 반년치 양식을 얻을 수 있다(潮州珠娘免落田, 銀針繡出半年糧)'라는 속담이 있다.

조수는 주로 전통적인 융수(絨繡, 털실 자수), 방고융수(仿古絨繡, 옛

〈그림 16〉 광둥 조수 '비황등달(飛黃騰達)', 중국 국가박물관 전시품 　〈그림 17〉 조수 백화헌미도

것을 모방한 털실 자수), 금융수(金絨繡, 황금 털실 자수), 정주수(釘珠繡, 구슬 박은 자수)가 대표적이다. 그중에는 자수 그림판, 벽걸이 액자, 병풍, 각종 구슬로 수놓은 손가방 등이 있다. 예를 들면 금실 융수로 만든 '용관삼군도(勇冠三軍圖)', '백화헌미(百花獻媚)', '만당춘색도(滿堂春色圖)', '소천사도(小天使圖)', '부귀여의일본만리(富貴如意一本萬利)'가 있다. 고단(庫緞)으로 수놓은 것은 '양금은구룡(洋金銀九龍)'의 정(鼎)과 '금선구룡(金線九龍)' 병풍이 있다. 연단(軟緞)으로 수놓은 것은 '비황등달(飛黃騰達)'이 있다. 방고융으로 수놓은 것은 '백화(百花)' 그림과 '인면공작(人面孔雀)'이 있다. '양금은수룡봉도(洋金銀繡龍鳳圖)', 양금은(洋金銀)으로 수놓은 것은 '용봉(龍鳳)', '단룡약수(單龍躍水)', '구룡(九龍)'이 있다. 방고로 수놓은 것은 '죽학도(竹鶴圖)' 병풍이 있다. 모두 조수를 대표하는 뛰어난 작품이다.

항일 전쟁 이전 차오산에는 자수 상점이 20여 곳, 자수공이 5,000여 명이 있었다. 유명한 자수 밑그림 디자이너로 웨이위엔농(魏遠農) 등이 있었다. 민국 27년(1938) 일본군이 이곳을 침략한 후 대부분의 자수 상점은 도산하였고, 자수 공예가들은 흩어져 유랑하며 다른 사람의 옷을 수선해 주며 생활하였다. 1949년, 차오산 자수 상점은 13곳만 남았으며 연간 가공 가격은 약 10만 위안에 불과했다. 1950년, 조수는 이전의 번영을 되찾아, 원로 공예가들의 주도하에 품종이 1,000여 개로 늘어났으며 가공 가격은 56만 위안이 되었다. '장비전마초(張飛戰馬超)', '삼영전여포(三英戰呂布)', '패왕별희(霸王別姬)', '사녀(仕女)' 등의 병풍, '화평송(和平頌)', '조주상자교(潮州湘子橋)', '진삼오랑(陳三五娘)', '정강산회사(井岡山會師)' 등 일련의 우수한 작품이 출현하였다.

1958년부터 자수와 일상 용품을 결합하는 방식을 시작한 조수는 옷과 침구류, 식탁보 등 10개 부문에서 디자인 종류만 1,000여 개로 늘어났다. 그해 생산된 '수선(水仙)'이라는 상표의 자수 의복은 일본 전역에서 유행했다. 심지어 상하이(上海)의 '모란(牡丹)'과 다롄(大連)의 '금봉(金鳳)' 상호의 자수 의복을 한 일본 상인이 '수선(水仙)'이라는 상표로 바꿔 팔기도 했다. 1965년에 이르면, 광둥성 전체에서 조수 제품으로 수출된 테릴렌(terylene)[24] 자수 의복, 리넨(linen) 자수 의복, 구슬을 수놓은 양모 의복이 70여만 점에 이르렀다. 국가적으로 100만 달러 이상의 외화를 벌어들였다.

　1978년부터 2000년까지 대외무역의 발전에 따라 조수의 생산과 판매는 나날이 번창하였다. 1980년 산터우의 유리사[玻璃紗] 자수 식탁보인 '쌍봉조모란(雙鳳朝牡丹)'이 제32회 뮌헨 산업박람회에 참가하여 금상을 수상하였다. 차오저우의 조수 공장의 '단봉(丹鳳)'이라는 상호의 금실과 은실로 만든 예복과 희복도 '광둥성우수제품(廣東省優質産品)'이라는 칭호를 받았다. 그해 성 전체의 조수 총생산액은 347만 위안에 달했다. 이후 차오저우의 차오저우비단공장에서 제작된 '구룽(九龍)'이라는 이름의 병풍, '취소인봉(吹簫引鳳)'이라는 작품과 수놓은 작은 그림과 장난감, '단봉'의 구슬 자수 주머니, 금속 조각으로 장식한 주머니는 잇달아 '중국공예미술백화상' 대상, 그리고 '경공업부문우수제품상'과 '광둥성우수제품상'을 수상했다.

　광수와 조수의 특징을 비교해 보면 다음과 같다. 제품 종류와 쓰임새 측면에서 보면, 광수는 관복·일용품·희복이 주를 이루며 공물이 비교적 많은 편이고, 조수는 사당과 사원·희곡 무대 배경 설치·희복이 주를 이루었지만 공물은 비교적 적은 편이다. 예술 양식 측면에서 보면, 가까이에서

24　(역자주) 테릴렌(terylene) : 폴리에스테르 계통 합성 섬유 중 하나로, 잘 구겨지지 않고 마찰과 물에 강하여 옷감은 물론 호스나 어망 등의 제조에 사용된다.

〈그림 18〉 1922년의 광저우 시립 여자봉제자수학습소

볼 경우 광수는 우아함에서 압도적이고, 멀리서 볼 경우 조수는 웅혼함이 장점이다. 색채 측면에서 보면, 광수는 약간 단아하고 변화가 비교적 섬세하며, 조수는 색채가 비교적 짙고 장식성이 강하다. 공예기법 측면에서, 광수는 평금수법(平金繡法)을 위주로 하기에 돋움 처리가 얇은 것이 적합하지만, 조수는 공정 종류와 원재료 및 보조 재료 사용이 광수보다 많으므로 돋움 처리를 높게 하여 반(半)입체적으로 하는 것이 주를 이룬다. 선통 2년(1910) 남양권업회(南洋權業會)에서 수상한 차오저우의 금은 혼합 점수(墊繡), 그리고 과청(過廳, 전후로 통행 가능한 대청)에 거는 채색 중당(中堂, 거실용 긴 족자)으로 부수(浮绣) 처리한 '곽자의배수(郭子儀拜壽)', '소무목양(蘇武牧羊)', '단봉조양(丹鳳朝陽)' 등 작품은 24명의 무늬 자수 장원(狀元)이라는 영예를 안은 린신취엔(林新泉), 왕빙난(王炳南), 리루빈(李如彬) 등 남성 자수공들이 수놓은 것이다. 조수 제품으로는 주로 희극 복식, 대청 휘장, 침대보와 의자 등받이 장식 덮개, 채색한 장수 기원 휘장, 만장과 보개, 베갯잇과 어깨에 거는 주머니, 향주머니와 수놓은 신발 등이 있다. 조수 제품은 광수와 서로 큰 차이가 없으며, 소재는 주로 박고(博古), 동물,

꽃, 용봉(龍鳳), 인물 고사이다.

　광둥 현지에선 월수 기술의 계승과 발전에 큰 관심을 보이고 있다. 민간에서 널리 중시하고 전승하고 있을 뿐만 아니라 근대 이후에는 청조와 중화민국 등의 여러 정부에서도 다양한 조치를 취하였으며, 심지어 기구를 조직하여 학습하기를 독려하기도 하였다. 1922년 광저우시 국민정부가 세운 여자 자수학교는 여성들을 동원하여 자수 기술을 배우게 하였다.

─

5장

금륜회관과 비단 수출

금륜회관은 비단 생산을 관리하는 조직이지만, 광둥 비단 생산은 시작부터 대외무역을 주요 목적으로 했기에 광둥 비단의 해외 수출과 긴밀한 연관이 있다. 우선 비단을 짜는 기호(機戶)는 생산한 제품을 중개 행상 또는 밀수 상인에게 팔게 된다. 다음으로, 이 비단 제품은 생산자의 창고에서 나와 일련의 매매·운반 과정을 거쳐 마지막으로 외국 상인의 거대한 화물선에 실린다. 광사와 광단은 다시 광저우에서 출항해 바다를 건너 각종 교역 수속을 통해 팔려나가면서 수많은 원양 항로를 따라 전 세계를 돌며 각지의 시장으로 흘러 들어간다. 결론적으로, 금륜회관의 관리하에 있던 비단 생산은 광둥 대외 비단 무역의 번영을 위한 토대를 마련하였다. 대외무역의 번영은 다시 역으로 비단 생산의 발전과 금륜회관의 성장을 촉진했다. 양자는 서로 보완하면서 성장하였고 분리시켜 생각할 수 없다.

1절 기호(機戶)에서 행상으로

먼저 생산자에서 무역상까지 이어지는 일련의 과정을 살펴보자.

1. 기호-비단 생산자

명말청초 시기 동남 연해 지역의 견직업에서는 이미 자본주의의 맹아가 배태되면서, '기호(機戶)가 자본을 대고 기공(機工)이 힘을 쓰는' 고용관계가 나타났다. 명 가정(嘉靖) 9년(1530) 광동 포산의 견직업은 원래 십팔행(十八行) 분업 생산을 기반으로 하였으나 이후 다시 24행으로 늘어났다. 가정 『광동통지(廣東通志)』에 따르면 순더현 룽산강베이(龍山崗背)에서는 안주(眼綢) 종류인 '옥계(玉階)'나 '유엽(柳葉)'과 같은 유명한 견직물이나 기타 실과 비단을 생산하였는데, 모두 광동의 공물이었다. 이밖에 '우랑주(牛郎綢)', '오사(五絲)', '삼사단(三絲緞)', '화릉(花綾)', '모릉(帽綾)', '관사(官紗)' 등도 모두 유명하여 중국 내수용과 해외 수출용으로 널리 판매되었다. 당시 광동 견직수공업(絲織手工業)은 지배적인 위치를 점하는 생산방식으로, 분산적이고 개체적인 소형 상품 생산을 하며, 집집이 하나의 생산단위였던 것이다.

청 옹정 연간, 광저우의 견직업은 기행(機行)이라고도 불리며, 전 행에 걸쳐 직공 1만여 명이 있었다. 기행은 고용관계에 따라 서가와 동가의 두 행(行)으로 나뉘었다. 동가행은 업주들의 조직이고, 서가행은 직공의 조직이었다. 서가행은 전성기에 직공 3, 4만 명이 있었다. 견직물 공장은 상시관(上西關)과 하시관(下西關), 샤지우푸(下九甫), 십삼행(十三行) 일대에 분포하는데, 후에 하시관의 견직물 공장이 자본가에 의해 점포로 임대되면서 공장들은 서서히 상시관으로 집중되었다. 각 행에서 생산된 견직물은 주로 5개 행별로 분류할 수 있다.

첫째는 '망포행(蟒袍行)', 일명 '조망행(朝蟒行)'이다. 견직업종 중 가장 오래된 행에 속한다. 완제품에는 용, 봉, 호랑이 등의 무늬가 있으며, 조정에서 문무백관의 관복으로 사용되는 등 견직업계에서 가장 오래된 업행이다. 아래로 별도의 소행(小行)을 나누지 않는다.

둘째는 '십팔행(十八行)'이다. 양화(洋貨) 3행, 금채(金彩) 3행, 건사(乾紗) 3행, 잡색(雜色) 3행, 양팔사(洋八絲) 3행, 능주(綾綢) 3행을 통칭한다. '팔사단(八絲緞)'이 바로 여기에 속한다.

셋째는 '십일행(十一行)'이다. '팔사(八絲)'에 '삼사(三絲)'를 더하여 붙여진 이름이다. 주로 궁(宮)·녕(寧)·선(線)·평(平)[모두 진상품], 우랑사사(牛郎四絲), 양장건사(洋莊乾紗), 천청(天青), 원청(元青), 품람(品藍, 즉 잡색 삼행이며 모두 수포료(壽袍料)이다), 양팔오륙사(洋八五六絲), 양화(洋貨), 양건(洋巾) 등이 있었다. 이 행에서는 팔사 기술 외에도 삼사 기술이 필요했다.

넷째는 '금채행(金彩行)'이다. 원래는 십팔행에 속했다가 견직업이 발달함에 따라 별도의 행으로 독립하였다. 화팔사(花八絲, 베트남 상품), 양화(洋貨, 뭄바이 상품으로 단채(單彩), 삼채(三彩), 사채(四彩), 오채(五彩) 등이 있다), 금(錦, 貢錦), 직구(直口), 사구(斜口)가 있다.

다섯째는 '통사행(通紗行)'으로 일명 '선사행(線紗行)'이라고도 한다.

광사(廣紗), 조사(肇紗), 구광사(舊廣紗), 신광사(新廣紗), 삼사(三紗)가 있다.

기행(機行)에는 '방기(放機)'와 '남두(攬頭)', 직공의 구분이 있었다. 방기(放機)는 비단 상인으로, 원료를 남두에게 지급하고, 남두가 직공을 고용하여 직조하도록 한다. 제품이 완성되면 판매한다. '남두'는 기업주이며, 직조기를 보유하고 있으며 직공을 고용하여 직조하기도 한다. 일부는 기업주 본인이나 가족들이 직접 직조에 참여하기도 한다. 서가행은 '직공이 행에 들어오려면 기술 등급이나 받는 임금에 따라 행으로 회비를 납부한다. 기술 등급이 상승하면 회비도 늘어난다. 직공이 납부한 회비는 행 내에서 공금으로 규정한 후에 각종 공공지출 비용으로 사용'한다. 서가의 각 행에는 모두 규정을 만들었고 모든 직공은 상응하는 규정을 준수해야 하며, 만약 심각하게 규정을 어기면 곧 행에서 퇴출된다. 행에서 제명된 사람은 다른 행에서도 받아들이지 않으므로 이 노동자는 더는 견직업에 발을 붙일 수 없었다. 그 정도로 엄격하게 관리했음을 알 수 있다. 대우에 있어서 직공은 동가에 고용되어 일한만큼의 보수를 받으며, 이외에도 보통 동가에서는 식사를 제공했으므로 이른바 '아침에는 돼지 선지, 점심에는 검은 감람, 저녁에는 두부'라는 말이 있다. 이 밖에 매달 초이튿날, 16일에 '주아(做牙)' 즉 아제(牙祭)를 지내어 네 냥의 고기를 받는다. 각 행은 연 4회 주아를 하는데, 각각 정해진 날짜가 있다. 아수(牙首)는 직공들에게 돈을 거두고 연회를 베풀어주는데, 아수는 돌아가면서 맡는다. 직공의 대우는 그래도 좋은 편이었다.

전체 견직물 생산은 다음과 같다. '방기'가 비단의 원료를 품종에 따라 '남두'에게 제공하고, '남두'는 이를 다시 직공에게 나누어 주어 직조하게 한다. 직공은 완성된 비단을 '남두'에게 주고, '남두'는 이를 다시 '방기'인 비단 상인에게 주게 된다. 이렇게 일련의 공정이 완성된다. 광둥 지역은

최대 견직물 수출지이기 때문에 대량생산 방식은 장쑤 지역과 저장 지역
에서 농민들이 가내 수공업으로 생산하는 방식과 구별된다. '방기' 상인들
은 비단 완제품의 절대다수를 당시 행상(行商)들에게 다시 맡겨 무역을 하
지만 일부는 밀무역도 했다.

2. 행상-대외무역의 중개자

명청 시기 해금 정책과 조공 무역이 함께 실시되는 가운데, 청초에는
4대 해관(海關)이 설치되기도 하였다. 이를 사구통상(四口通商)이라 한다.
이후에는 광저우의 한 항구에서만 통상을 하는 '일구통상(一口通商)' 정책
을 실시하였다. 통상 기간에는 외국 상인과 자국 상인에 대해 모두 엄격한
규제를 시행하였다.

청 정부는 광저우에 도착한 외국 상인들은 자유무역을 할 수 없고 행
상이 개설한 상관(商館)에 먼저 투숙한 뒤 모든 활동을 상관에서 하도록
규정하였기에, 서방 상인들은 광저우에서의 무역을 '상관무역'이라고 불
렀다. 중국 상인들에 대해서는 첫째, 외국 상인과 접촉하는 것을 제한하였
다. 점포를 보유한 백성이 이관(夷館)에서 외국 상인과 암거래하는 것, 본
토 중국인이 함부로 이관에 들어가는 것을 불허하였다. 상행의 점원이 외
국 상인과 대화하는 것도 불허하였다. 둘째, 중국 상인은 외국 상인에게 외
상이나 대출을 할 수 없었으며, 점포 상인이 외국 상인에게 자본을 가져다
주고 물품을 구입하는 것을 불허하였으며, 행상이 빚을 지는 것도 불허하
였다. 이러한 상황에서 중국과 외국의 비단 무역은 오로지 행상을 통해서
만 가능하였다.

강희 25년(1686) 월해관(粤海關)이 설립되었고,[25] 그 다음해인 강희 26년(1687), 광둥 지방정부는 해외무역에 대한 관리를 강화하려고 상행을 '금사행(金絲行)'과 '양화행(洋貨行)'으로 나누었다. 금사행은 주로 국내무역을 맡았고, 양화행은 수입품 및 수출품 영업에 종사하였다. 이러한 십삼행(十三行)이 정식으로 성립되면서 행상은 반드시 상당한 경제력을 갖춘 사람만이 될 수 있다고 규정하였다. 십삼행은 관아에 보증금을 납부하고 정부가 '행첩(行帖)'이라는 허가증을 발급한 후에야 영업을 개시할 수 있도록 비준해줄 것을 요청하였다.

'십삼행'은 외국과 통상하던 양행(洋行)의 정확한 숫자를 가리키는 것은 아니었다. 경영 상황의 좋고 나쁨에 따라 양행의 숫자는 많아지기도 적어지기도 했는데, 가장 많았을 때는 26개의 행상이 있었고, 가장 적었을 때는 그저 몇 개에 불과하기도 하였다. 양행은 행주(行主) 외에도 매판(買辦), 통사(通事), 사사(司事), 관점(觀點), 잡역(雜役) 등이 있다. 강희 59년(1720), 행상은 동업자 조직인 공행(公行)을 조직하여, 논의를 거쳐 행규(行規) 13조항을 결정하였다. 예를 들어 물건의 가격을 공동으로 협의하고, 제품의 질을 보증하며, 행상을 3등급으로 나누고, 각 등급마다 다른 무역 배당분을 규정하여 지나친 경쟁을 막았다. 공행에서는 법정 지도자를 선출하지 않았고, 또한 통일된 규정도 없어 조직이 느슨해졌기에 기능에 한

---

25 (역자주) 월해관(粤海關) : 사구통상(四口通商) 시에 개항된 광저우 항구의 해관(海關)이다. 강희 23년(1684), 강희제는 천계령(遷界令)을 해제하였다. 천계령은 청조를 무너뜨리고 명조를 복구시키려는 반청복명(反淸復明) 세력과 연안 지역민과의 연계를 막고 이러한 세력을 소탕하려는 차원에서, 연해 지역 거주민들을 일정 거리 이상으로 소개하고 선박 출항을 금지한 해금령이었다. 천계령 해제 이후, 강희제는 저장성 닝보(寧波)에 절해관(浙海關), 장쑤성 상하이(上海)에 강해관(江海關), 푸젠성 샤먼(廈門)에 민해관(閩海關), 그리고 광둥성 광저우에 월해관을 세우고 민간 해상무역을 보장하였다. 이를 사구통상(四口通商)이라 한다.

계가 있었다.

서양 상인들의 경우, 광저우에서의 모든 무역 활동은 행상이 대리하였으며, 상업 활동은 행상의 감독 관리를 받았다. 동시에 행상은 관부를 대신하여 일정한 직권을 행사하였으므로 행상은 또한 관부와 같은 역할을 하기도 하였다. 주요 직책은 다음과 같다.

(1) 외국 상선의 세금 납부 담보 업무를 맡았다. 외국 상선이 항구에 들어오면, 납부해야 할 수입세는 행상을 통하여 해관에 담보하였다가, 이들 선박이 귀항할 때에 납부하였다. 이 때문에 행상을 '보상(保商)'이라고도 하였다. 외국 상인이 납부해야 할 수출세는, 행상이 이들을 대신하여 화물을 구입할 때 일부를 떼어 납부하였다.

(2) 수출입 상품의 구매와 판매를 대행하였다. 외국 상인의 광저우에서의 무역은 소량의 수공업품에 한하여 행상이 보증을 서는 조건으로 일반 상인과 무역할 수 있는 것 외에, 기타 대량의 수출입 화물은 반드시 행상이 대리해야 한다. 즉, 외국 상인이 가져온 수출입 화물은 행상이 위탁 판매하며, 외국 상인에게 필요한 수출 화물은 행상이 대리 구매한다. 가경 연간 이후, 행상의 수출입 무역에 대한 통제는 점차 느슨해졌다.

(3) 각종 교섭 사항을 대행하였다. 청 정부 관료들은 외국 상인과 직접 접촉하지 않았으며, 외국 상인과 청 정부 간의 일체 교섭 사항은 모두 행상이 대신 중계하거나 전달하였다. 즉, 외국 상인을 대신하여 정부에 서한을 전달하고, 정부를 대신하여 외국 상인에게 지시사항을 알렸다.

(4) 외국 상인을 감독 관리하였다. 행상은 「방범외이규정(防範外夷規定)」에 따라 광저우에서 외국 상인 및 선원의 활동을 감독·관리할 책임이 있다.

〈그림 1〉 1827년경 광저우 상관 지구

　　이를 통해, 행상은 청 정부가 특별히 허가한 반(半) 관방 성격의 대외 무역 독점조직으로, 청조와 외국 상인 간의 중개자이자 중국 시장과 해외 시장을 잇는 가교가 되었음을 알 수 있다. 이 제도는 중국 상인과 외국 상인 간의 자유무역을 제한하고 청 정부가 해외무역을 엄격히 제한하는 정책의 중요한 도구가 되었다.

　　십삼행은 지리적으로는 중국 행호(行號, 행상들의 상점)와 외국 상관의 두 구역을 모두 포함하였다. 중국 행호 지역에는 넓은 중국식 건물이 있는데, 이 건물이 행상공소(行商公所)라고 하였다. 정부에서는 가장 부유하고 명망 높은 사람을 행수(行首)로 선정하였는데, 이 행수를 '총상(總商)'이라 하였다. 중국 행호들 바로 옆에는 각국 상관이 자리 잡고 있었는데, 이곳은 서양 상인들이 상업 활동을 하거나 거주하는 곳으로 사용되었다. 외국 상관은 건물 외관, 내부 장식, 생활 양식 등에서 이국적인 분위기를 자아냈다. 이곳은 각국 국기가 매일 상관 광장에 게양되어 세계 상업 활동 기구의 박람회를 방불케 했다. 목재로 지어 지붕이 평평한 중국 행호와 석재 아치와 기둥이 늘어선 서양 건물이 서로 어우러지면서, 중국과 서양 양식이 조화로운 경치를 이루었다.

세계 경제 유통 가운데 서양 상인들은 해외무역으로 부를 이뤘지만, 중국은 정교하고 아름다운 제품으로 시장을 장악하면서, 상상할 수 없는 수준의 외국 은(銀)이 중국으로 쏟아져 들어왔다. 광저우의 '일구통상'으로 십삼행 상인들은 이때 많은 활약을 하였다. 청이 외부 세계로 약간의 문호를 열었을 때 그들은 이 문호를 장악한 사람들이었다.

행상은 중국과 외국 무역의 매개 역할을 하였다. 외국 상인이 도착하면 행상은 화물을 검사하고 각종 관련 비용을 징수했다. 아울러 행상은 외국 상인의 수요를 확정하였다. 외국 상인의 주문 요청과 청조 관아의 규정에 따라 행상은 외국 상인들과 거래하였고, 외국 상인에게 필요한 화물을 팔았다. 만약 자신이 파는 물건에 문제가 있으면, 남두는 부족한 몫만큼 보충하였다. 그중 대부분은 행상이 독점하고 있어서 외국 상인과 거래할 때에는 다른 상인과의 교역보다 가격이 비쌌다. 이로 인해 많은 외국 상인이 불만을 품기도 했다.

H. B. 모스(Hosea Ballou Morse, 중문명 馬士, 1855~1934)의 『동인도 회사 대중무역 편년사(The Chronicles of the East India Company, Trading to China, 1635~1834)』 가운데, 영국 타이판(taipan, 大班)이 뭍에 올라 만난 인물 중 '왕상(王商)', '총독상인(總督商人)', '장군상인(將軍商人)'은 모두 '특권상인'이었으며, '광저우 유력자가 상인을 지정하고 이들에게 자신들의 권력을 대리하도록 하였다'라는 것을 알 수 있다. 또한 모스에 의하면, "다른 상인들은 거래를 매우 원했지만 이들에게 물건의 가격을 정하라고 했

을 때, 총독상인이나 장군상인 등과 같은 대관상(大官商)[26]들이 무서워서 감히 할 수 없다고 하였다. 우리와 논의하던 몇몇 상인들도 이러했다. 그들 모두 우리의 계약에 참여하기를 원했지만 감히 기존의 관행을 깰 수 없었다"라고 한다.

또한 모스는 "광저우에 새로운 괴물이 하나 등장하였는데, '황상(皇商)'이라고 하였다. 그는 조정에 은 4만 2,000냥을 납부하여 유럽인에 대한 무역독점권을 얻었으므로 그에게 감히 대드는 중국인은 없었다. 그가 가치가 있다고 인정한 후에야 동업자에 들어가는 것을 준하였다"라고 말했다. 심지어 황상은 월해관의 통제도 받지 않았다. 모스는 "물품도 자금도 없었고 외상 구매에 있어서 신용도 없었다. 그는 해관감독(海關監督)의 공공연한 적수였다. 그에게는 다른 상인들에게 하는 것처럼 정액 세금 외의 다른 세금을 추가로 징수할 수 없었다. 그는 오로지 황제가 정한 관세율에 따른 세금만 납부했다"라고 전한다.

월해관과 조정의 중국과 외국 간 무역 독점은 관리들의 외국 상인에 대한 착취와 괴롭힘으로 이어졌다. 십삼행의 상인들은 한편으로는 관원들과 해관의 상납 요구에 시달렸지만 다른 한편으로는 그 손실을 외국 상인들에게 전가하여, 중국과 외국의 무역에 부정적인 영향을 미쳤다. 내륙 지역에서 성행한 '모선(耗羨)', '누규(陋規)' 등 세금 이외의 세금이 관상 독점의 무역에서도 성행하였는데, 이를 '예규(禮規)'라 하였다. 모스의 책에서, 외국 상인이 관료에게 선물하는 방식을 익혔고, 뇌물 요구나 수수도 어디에나 존재하였다는 것을 알 수 있다. 강희 연간, 해관에는 이미 번잡한 명

---

26 (역자주) 관상(官商) : 관원이자 동시에 상인이기도 한 사람, 상업에 종사하는 관원, 혹은 관에 준하는 권한을 행사하는 상인을 말한다. 명청대에는 관원들이 자본을 이용하여 상업에 투자하거나 상단을 운영하기도 하였다.

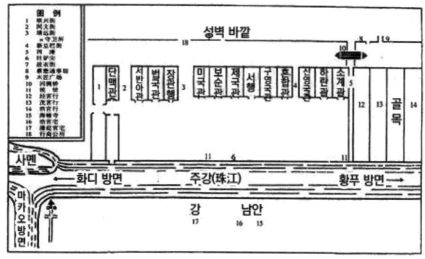

〈그림 2〉 십삼행의 평면 분포도

목으로 돈을 갈취하는 일이 있었으며, '규정된 세율이 얼마인지 알 수 없'
게끔 하여 행상과 외국 상인 모두 어려움이 많았다.

　관부에서 무역을 독점하면서 상거래 경로를 제한하고 각 상업지역
의 경쟁을 제한하였다. 겉으로는 질서정연하게 보이지만, 이러한 표면적인
안정 속에서 더 많은 기회를 잃게 되었다. 관상은 자신의 합법적이고 독점
적 지위를 활용하여 외국 상인들에게 저질 상품을 팔았을 뿐만 아니라, 요
구하는 가격도 매우 높았기 때문에 가끔은 상거래가 중단되기도 하였다.
관리들은 거래를 빌미로 돈을 갈취하거나 강탈하였고, 중국과 외국 상인
들은 아예 뇌물을 주어 탈세로 상거래 지위를 유지하였다. 그 때문에 국가
주도의 행상 무역은 큰 폐해가 있을 수밖에 없었다.

3. 중국과 외국의 비단 무역에서 산상(散商) 밀수의 영향

청 중후기에 이르러 행상제도의 폐해가 날로 뚜렷해지고, 심지어는 외국과의 무역에서도 영향을 미쳤으므로 밀무역은 점차 증가하게 되었다.

캔톤시스템(Canton system, 廣州制度) 혹은 공행제도(公行制度) 아래에서, 십삼행 행상은 단지 대량의 무역을 독점했을 뿐이었다. 그 외에 행에 소속되지 않은 '행외상인(行外商人)'이 많았는데, 이들을 '소상포(小商鋪)'라고 불렀다. 그들은 외국 상인들에게 자질구레한 개인용품의 판매가 허가되었다. 그러나 소상포가 외국 상인과 거래하는 것은 불법이어서 그들을 합법적으로 보호해줄 대상을 찾았다. 이에 소상포들은 합법적인 행상들에게 뇌물을 공여하였다. '이것이 가능한 것은 자본이 부족하거나 자격이 부족한 행상이 소상포와 관계를 형성하고, 아울러 이런 소상포 행외상인들을 대신하여 자신들의 행에서 (소상포들의) 화물을 (외국으로) 출하하도록 허락하였기 때문'이었다고 전한다.

대담하게도 소상포와 대량의 물품을 판매하기도 했다. 생사, 무명, 심지어 찻잎을 장사한 것은 영국의 산상(散商)[27]이었다. '1770년대 중국에서 최초의 영국 산상들이 등장'하였다고 전한다. 영국 산상과 동인도회사의 관계는 중국 소상포와 십삼행의 관계와 비슷하지만, 이들은 중국인보다 더 공개되어 있었다. 처음, '항각산상(港脚散商)[28]은 사실 동인도회사의 특

---

27 (역자주) 산상(散商) : 아편전쟁 이전 광저우에 있던 영국 동인도회사 이외의 외국 상인을 말한다.

28 (역자주) 항각산상(港脚散商) : 17세기 말에서 19세기 중엽까지 인도~동인도제도~중국 간의 무역을 '항각무역(港脚貿易)'이라 하였으며, 이 무역에 종사한 상인을 '항각상인(港脚商人)'이라 하였다. 영어로는 지방무역(country trade)에 종사하는 '지방무역업자(country merchant)'라고도 번역된다. 이들은 주로 동인도회사의 특별허가를 받고 무역에

수상인이지만 그들에게 의존할 수밖에 없게 된 것은 광저우 무역의 차액을 메워야 할 뿐만 아니라 그들 자신의 자금도 영국으로 가져가야 하기 때문'이라고 전한다.

영국 산상의 발전 속도는 매우 빨랐다. 그들은 경영에 노련할 뿐 아니라 어떤 상황이든 유연하게 대처했기에 자신의 상관인 영국 동인도회사의 감리위원회로부터 많은 권리를 쟁취하였을 뿐만 아니라, 또한 중국 행상에게 뇌물을 주어 행상들의 흥정 능력을 약화시키기도 했다. 심지어 산상들은 중국 상행(商行)이 자신들의 고리대금을 갚지 못하였을 때 '영국 정부가 청조 베이징 정부와 상행들의 미상환금 탕감에 대해 교섭하도록 호소'하였다고 전한다. 건륭 44년(1779), 드디어 처음으로 '포함외교'가 발생하였다.

영국 해군 소장 에드워드 버논 경(Sir Edward Vernon, 1723~1794)은 순양함을 보내 '중국에서 억압받는 영국 황제 폐하의 신민에 대한 공정한 처리'를 현지 총독에게 요청했다. 점차 심각해지는 영국 상인의 해적 행위는 중국 해관 관원들의 불만을 사게 되었고 감리위원회 역시 불쾌하게 여겼다. 산상은 1780년대 초에 억압을 받았지만 곧바로 원 상태로 돌아왔다. 가경 18년(1813), 영국은 의회에서 논의한 결과 동인도회사의 인도에서의 무역독점권을 해제하였다. 이로 인해 산상은 더욱 넓은 활동 범위를 얻었고, 광저우에서의 상업 활동은 활기를 띠게 되었다. 도광 2년(1822), 동인도회사와 산상 양자의 대중(對中) 수입 총액에서 산상이 점한 수입 규모는

종사한 밀수업자였다. 이들은 아편 밀무역업자가 대부분이었으며, 또한 최초로 영국 면직품을 중국시장에 가져간 자유상인이기도 하였다. 이들의 무역 활동은 동인도회사와 광저우 상행이 구축한 중영 간 독점무역 판세를 조금씩 바꿔, 자유무역의 방향으로 발전시켜 나갔다.

78%, 도광 9년(1829)에는 80%를 차지하였다. 양자의 총계에서 수입 총액이 차지하는 비율도 50% 내외에서 도광 9년(1829) 이후에는 65% 이상으로 증가하였다.

산상의 활기는 광저우 행외상인 소상포의 그것과 중첩되어 있었다. 이 둘은 동고동락하는 무역 파트너이기도 했다. 이에 양광총독(兩廣總督, 광둥성과 광시성을 관할하던 총독)과 월해관감독(粤海關監督, 월해관을 관할하던 최고 장관)은 '항상 모종의 행동을 취하여 공행의 합법적 독점을 파괴하는 범법행위를 단속'하였으나 중국에는 영국과 미국의 자유상인의 세력이 막강해지면서 이러한 제한 조처에 극력 반대하였고 압력을 가하였다. '1828년 7월 14일, 광저우 주재 양광총독 이홍빈(李鴻賓, 1767~1846), 월해관감독 연륭(延隆)이 연명 서명하고 '소상포 무역 경영에 대한 고시'를 공포했는데, 이는 현행 법률을 개정한 것이었다'고 전한다. 이 고시는 행외상인에 대해 여전히 제약이 많았지만, 당시 십삼행이 무역을 독점하고 있는 상황에서도 소상포는 이미 발전하고 있었고, 이때 이미 소상포는 부분적으로 승인을 받은 상태였으니, 행외상인이 대담하게 행상 행세를 할 수 있었다. 게다가 이때는 십삼행은 7개의 행상만이 남아 있었다. '이러한 무역은 본래 불법이었으나 반(半) 합법적으로 바뀌었고, 광저우의 행외상인과 영국 동인도회사의 산상이 증가하면서 1828년에 반(半) 합법적인 지위를 얻었다. 이는 중국과 서양의 무역 관계가 원래의 13공행(公行)과 동인도회사 중심에서 행외상인과 동인도회사 자유상인 중심으로 바뀌었다는 것을 의미한다'라고 전한다.

2절 제품 출고에서 선적까지

그렇다면 생사와 주단 화물은 어떻게 생산자의 화물칸에서 유통되어 나가는 것일까? 아래의 청말 풍속화들이 이러한 과정을 자세히 묘사하였다.

비단 수출의 최초 판매자는 생사를 가공하는 사호(絲戶) 및 사창(絲廠), 방직에 종사하는 기호(機戶)였다. 〈그림 3〉은 광둥성 순더의 유명 사창인 '광삼태(廣森泰)'가 물품을 팔아 선적하는 모습이다. 광삼태는 상당히 큰 화물칸을 소유하고 있었으며, 출고 화물이 '광익사잔(廣益絲棧)'이라는

〈그림 3〉 생사(生絲) 출고(1870~1890년작 지본 수채화)

〈그림 4〉 비단 창고로의 입고(1870~1890년간 작 지본 수채화)

중개업자에게 팔리려 하고 있다. 화물창고 안에는 사창 점원이 화물의 무게를 재고, 무게를 잰 후에 생사가 가득 담긴 포대는 한 무리의 짐꾼들이 메고 배로 옮기고, 선상에는 광익사잔의 점원이 화물을 받아 선창에 가지런히 쌓아 놓는다. 이것은 비단 거래의 첫 번째 단계이다.

〈그림 4〉는 상술한 구매자인 삼기광익사잔(森記廣益絲棧)의 물품이 입고되는 모습을 묘사하였다. 광익사잔은 광저우에 설립되어 있었던 것으로 보이며, 최고 품질의 백사(白絲)를 전문적으로 구매하였다. 입구에는 유명한 사람이 쓴 간판을 걸었고, 대당(大堂) 정면에는 '부귀수고(富貴壽考)'라는 족자가 대련으로 걸려 있다. 이들의 물품 포장에는 모두 '광익(廣益)', '사잔(絲棧)', '삼기(森記)' 등이 표기된 전용 자루를 사용하였다. 이로 미루어 본다면 자본이 풍부하고 사업이 번창했음을 알 수 있다. 매매 중개인으로 이 사잔에서는 짐꾼들을 고용하여 사호와 사창에서 사온 생사를 그들의 화물창고로 모았다. 바깥에는 세 명의 짐꾼이 생사가 가득 담긴 자루를 메고 있는데 방금 창고 부근까지 몰고 온 수레와 배에서 온 것으로 보인다. 대당 안에는 이미 많은 화물이 옮겨져 있고, 한 점원이 반쯤 몸을 드러낸 채 화물칸을 정리하느라 분주한 모습을 보이고 있다.

비단을 외국 상인에게 팔려면 반드시 외국 상인과 전문적으로 거래하는 사행(絲行)과 사장(絲莊)을 거치거나 비단 도매업을 전문으로 하는 주단행(綢緞行)과 주단장(綢緞莊)을 거쳐야 한다. 그래서 광익사잔은 생사를 사행이

〈그림 5〉 행장에의 판매(1870~1890년작, 지본 수채화)

〈그림 6〉 비단 행장(行莊)의 매매　　　　　〈그림 7〉 선적 출항

나 사장의 대표 혹은 비단을 방직하는 기호에게 판다. 〈그림 5〉는 양측이 생사를 교역하고 짐을 내리는 모습을 묘사하였다. 사행 혹은 기호의 가게 앞 대당 안에는 더욱 화려한 중당에는 두 사장이 앉아 있다. 이들은 가격 흥정이 대강 끝났으며 함께 가벼운 한담을 나누고 있다. 문밖에는 업주나 대표를 따라온 수행원들이 땅바닥에 쭈그리고 앉아 인사를 나누고 담소한 다. 짐꾼들은 배에서 가게로 화물을 옮기느라 분주하다. 점원 한 명이 저울 대와 저울추를 조정하면서 전문적으로 화물의 무게를 잰다. '화물중지(貨 物重地, 화물이 몰리는 중요한 곳)'라는 간판이 걸린 화물칸 입구의 계산대 앞에서 두 사람은 장부를 결산하거나 다른 거래 사안을 상의하는 것으로 보인다.

　　비단 행장(行莊)은 또 다른 중요한 대목이다. 일반적으로 기호가 생 산한 비단은 비단 행장이 사고, 이들 행장은 다시 비단 상인이나 소비자 에게 되판다. 해외 판매에 있어서 광저우의 대형 행장은 직접 외국 상인과 교섭하여 비단을 직접 수출 판매한다. 그러나 일부 행장은 매우 실력 있을 뿐만 아니라 해외에 잘 구축된 무역 네트워크를 갖추었다. 해외 각지에 지 점을 만들어 본점에서 자체적으로 운용하는 기선(汽船)에 비단을 선적하여 해외 지점으로 운반한 후에 이들 지점에서는 비단을 판매하였다. 근대 수백 년 동안 인도 뭄바이 지점인 맹매장(孟買莊), 미국 샌프란시스코 지점인 금산장(金山莊) 등은 모두 광저우 비단이 세계적으로 유명해지게 한 해외의 중요 거점이었다.

외국 상인과의 거래는 비교적 복잡했다. 외국 상인은 비단 재질을 검사해야 했고 전문적이고 과학적인 절차가 있었다. 만약 검사에 합격한다면 비단은 외국 상인의 원양 화물선에 바로 선적되었다. 〈그림 7〉은 사몐(沙面) 부두에서 사람들이 외국 상인들이 요구하는 비단 화물을 화물선으로 옮기는 모습이다. 아마 그곳은 수심이 얕았는지 먼저 작은 보트에 비단을 싣고 이 보트를 다시 강의 중심이나 하류의 황푸항(黃埔港)에 있는 거대 화물선으로 옮겨 싣는다. 배에 실릴 비단은 보통 마대자루에 담겨 있었는데 처음에는 아무런 방호책이 없어서 종종 다음과 같은 상황이 발생하기도 했다. 즉, 상선이 장기간 해상을 항해하면서 습기가 침투하여 일부 생사에 곰팡이가 생겨서 도착한 후에야 발견하는 일이 자주 있었다. 이로 인해 외국인들은 중국인들이 판매한 견직물에 문제가 있다고 불평하기도 했다. 광저우에서는 비단을 검사했으나 나중에는 쌍방이 서로 자신들의 주장만 하여 분쟁이 발생하기도 했다. 나중에 관찰을 통해 견직물의 곰팡이는 바다를 장기간 항해하며 습기에 노출된 결과라는 것을 알았고, 이후 수출되는 모든 비단의 겉면에 방수 재질의 천 한 겹으로 포장되면서 문제는 해결됐다.

3절 포르투갈·스페인 상인들이 유럽과
라틴아메리카로 운송한 비단

15~16세기 자본주의의 발달로 포르투갈·스페인·네덜란드 등 서구 식민주의자들이 멀리 동양까지 항해하면서 거점을 마련하고 앞다투어 식민지를 점거했다. 이들은 동쪽으로 오면서 동남아를 식민지로 만들고 아시아, 유럽, 아메리카 대륙 간의 새로운 항로를 개척하였다. 이는 광주 비단 대외무역 형세에 큰 변화를 일으켰다. 광저우-동남아-아랍 지역의 전통적인 항로는 점차 몰락하였고, 이를 대신하여 광저우-마카오-고아-유럽 항로, 광저우-마카오-마닐라(Manila)-라틴아메리카 항로, 광저우-마카

〈그림 8〉 십삼행 앞에서 분주하게 운송하는 모습

오-일본 나가사키 항로 등이 새로 생겨났다. 서양은 동남아지역을 식민지로 삼았기에 중국 상인들의 활동 범위는 남중국해와 동중국해 해역에만 국한되었고, 동남아와 일본 이외의 해상운송은 유럽 상인들의 손아귀에 떨어졌다. 이때 생사는 당시 광둥 비단 수출에서 가장 큰 주력 상품이었고 견직물은 그다음이었다.

1. 유럽

광저우-마카오-고아-유럽 노선은 포르투갈인이 장악하고 있던 가장 중요한 교역로였다. 포르투갈 상인들은 주강(珠江) 하구 바깥에 있는 상촨도(上川島)와 마카오에서 30km가량 떨어진 랑바이아오(浪白澳)에서 광둥 밀수업자와 직접 교역하며 동남아에서 생산되는 상아와 향목(香木)을 중국산 비단, 도자기, 사향과 교환하였다. 가정(嘉靖) 32년(1553), 포르투갈 사람들은 랑바이아오가 바람이 세고 파도가 거세다는 이유로 당시 광동해도부사(廣東海道副使) 왕백(汪柏, ?~?)에게 뇌물을 주었고 이를 계기로 마카오에 들어가 거주권을 얻었다.

이후 포르투갈 상인들은 광저우에서는 합법적으로 마카오에 들어갈 수 있었을 뿐 아니라 성도(省都)인 광저우에서도 무역을 할 수 있었다. 만력(萬曆) 원년(1573) 이후, 명 정부는 매년 여름과 겨울 두 차례씩 광저우에서 정기적으로 시장을 열었다. 매 장시는 2~4개월 동안 열렸으며, 중국의 남방과 북방 상인들이 생사와 비단 등의 화물을 끊임없이 이곳으로 실어 나르면서 광저우는 다양한 상품이 모이는 시장으로 변모했다. 포르투갈인들은 광둥에서 거액의 생사를 살 수 있었을 뿐만 아니라 일본·인도·유럽 시장의 수요에 따라 중국 상인들에게 각종 무늬가 들어간 비단을 주

〈그림 9〉 광저우 십삼행에서 무역하는 외국 상선

문할 수 있었다.

'매년 광저우에서 구매하여 마카오를 거쳐 해외로 운반되어 나가는 견직물 5만 3,000여 상자(상자당 벨벳이나 무늬 비단 100필, 또한 가벼운 견직물 150필이 들어 있었음) 중 마카오에서 리스본으로 운송되는 견직물 화물은 약 5,000상자였다.' C. R. 복서(C.R.Boxer)의 『아마콘(Amacon)에서 온 대선 : 1555~1640년 마카오와 일본과의 무역 편년사(The great ship from Amacon : Annals of Macao and the old Japan trade, 1555~1640)』에 따르면, 만력 8년(1580)에서 18년(1590)까지 매년 마카오에서 고아로 운반된 생사는 약 3,000담(擔)으로 은 24만 냥에 해당하였다. 숭정(崇禎) 8년(1635)에는 6,000담까지 이르렀는데, 이는 은 48만 냥에 해당했다.

더 큰 이윤을 남기려는 포르투갈 상인들은 광저우에서 구입한 비단을 유럽으로 직접 가져가지 않고 일본으로 가져가 판매한 뒤에 투입 자본의 두세 배에 달하는 은으로 바꾸었고, 다시 광둥으로 돌아가 '일본의 은

괴와 중국의 비단을 맞바꾸었다'라고 한다. 이런 식으로 일본 은과 맞바꾼 비단을 인도와 유럽에서 판매한 포르투갈 상인들은 4배에서 10배에 이르는 이윤을 취할 수 있었다.

2. 라틴아메리카

광둥(광저우-마카오)-마닐라-라틴아메리카 노선이 있다. 1565년 스페인 식민주의자들이 필리핀을 침략하면서 필리핀과 멕시코를 연결하는 태평양 항로가 만들어졌다. 1571년부터 1815년까지 비단을 위주로 한 대량의 중국 물품이 필리핀으로 운송된 후, 다시 필리핀에서 '마닐라 범선 무역'을 통해 라틴아메리카 시장으로 들어갔다.

당시 비단 무역에 종사하던 중국 해상(海商)은 주로 광둥과 푸젠(福建) 상인이었으며 특히 광둥 출신이 많았다. 한 기록에 의하면, '이들이 스페인 사람들에게 가져다 파는 상품은 보통 다음과 같다. 가늘게 다발을 만든 두 가닥의 생사와 기타 재질이 떨어지고 성긴 세사(細絲)는 백색 혹은 다른 색이었으며, 모두 둥글게 말아서 작은 타래를 만들었다. 많은 벨벳 중 어떤 것은 무난한 색이며, 어떤 것은 각종 무늬를 수놓았으며, 색이나 양식은 어떤 것은 금장식 하거나 금실로 수놓기도 했다. 각종 색 혹은 양식의 경우, 금과 은이 비단 위에 있는 직물과 금단이 있다. 수를 이룬 금과 은의 실타래, 화단(花緞), 단(緞), 빛나고 고운 주단, 고르바란(gorvaran, 실을 교차하여 짠 비단), 피코테(picote, 산양 모직으로 만든 거친 직물, 혹은 광택이 나는 견직품) 등 여기에 있는 것은 대부분 후자의 종류이다. … 벨벳에 자수를 놓은 장막, 각종 색깔의 화단과 견사와 모직이 혼합된 직물'이라고 기록되어 있다. 이 밖에 능라 비단, 백색 견직물, 채색 견직물, 레이스 견직물도 있다. 그리고 스카프, 면사포, 호박단, 평직으로 제작한 견직물, 꽃무 늬를 수놓은 비단, 평직(平織) 비단, 꽃을 새기듯 수놓은 비단, 물결 무늬 비단, 두 가닥을 꼰 실로 만든 비단, 견마 혼방품, 탁상보 등 많은 종류가 있다. 마카오에서 마닐라로 향하는 대형 범선에 실린 중국 화물의 70% 이 상이 중국산 생사와 각종 견직물이다.

가정 37년(1558) 이전에는 광저우에서 마카오를 거쳐 마닐라로 가 는 비단 제품의 가치는 매년 약 19만 냥의 스페인 은화에 해당하였다. 만 력 21년(1593)에는 스페인 은화 25만 냥으로 증가했다. 숭정 9년(1636) 마 닐라로 가는 포르투갈 상선에는 생사 1,200상자가 실렸다. 이 비단은 마닐 라로 옮겨진 뒤 소량만 현지에서 팔리거나 일본으로 판매되었고 대부분 스페인이 대형 범선을 통해 라틴아메리카와 유럽 시장에 수출하였다. '생 사 1담은 광저우에서 120페소(80냥), 마닐라에서 200페소, 페루(Peru) 수 도 리마(Lima)에서 1,950페소였으며, 이익률은 875%였다. 광저우의 비단 1필이 마닐라에서 5페소, 리마에서 50페소로 900%의 이윤이 발생하며, 채 색 비단, 모직물, 벨벳단 모두 800%의 이익률을 기록했다'라고 전한다. 이런 막대한 이익을 얻을 수 있게 되면서 '광둥-필리핀-라틴아메리카' 간의 비단 무역은 급격히 발전하여 1580년부터 1643년까지 전성기를 맞이하였다.

아카풀코(Acapulco)는 태평양에 접한 작은 마을로 1598년에는 250가 구에 불과했다. 마닐라에서 범선 무역이 시작됨에 따라 이 마을은 점점 번 영하여 19세기 초에는 이미 4,000명에 이르는 주민이 거주하였다. 중국 화 물을 가득 실은 범선이 도착할 때마다 이곳에서는 성대한 장터 무역이 벌 어진다. 인디언과 흑인, 혼혈인종과 백인 상인, 동방에서 온 필리핀인, 중 국인, 인도인 선원, 모잠비크의 카피르(kafir, 이슬람권 내에서의 비이슬람 교도)도 벌떼처럼 한꺼번에 모여 순식간에 인구가 1만 2,000명으로 급증

했다. 18세기 말 라틴아메리카를 여행하며 과학 탐사를 했던 독일 학자 알렉산더 폰 훔볼트(Alexander von Humboldt, 1769~1859)는 이 장터의 번화함을 보고 아카풀코 장터야말로 세계에서 가장 유명한 장터라고 칭송했다. 마닐라의 범선이 아카풀코로 실어 나르는 제품은 비단 위주의 중국 물품이어서 멕시코 사람들은 이 상선을 '중국의 배' 또는 '비단 배'라고 부르면서 환영하였다. 아카풀코 장터 무역이 끝나자마자 상인들은 노새 떼에 중국 물품을 싣고 앞다퉈 멕시코시티(Ciudad de México)로 달려가 판매하였다.

중국 제품들은 멕시코시티로 운송된 후 대부분 멕시코 본토에서 판매되었다. 일부는 멕시코시티를 거쳐 멕시코 서부 베라크루스(Veracruz) 항구에 도착해, 다시 배에 실려 카리브해(Caribbean Sea) 섬들에서 판매되거나 대서양을 건너 스페인과 다른 유럽 국가에서 판매되었다. 또 일부는 멕시코시티에서 중앙아메리카로 전해져 니카라과(Nicaragua)의 그라나다(Granada)를 거쳐 남쪽의 데사과데로(Desaguadero)로 운송되며, 다시 그곳에서 콜롬비아(Columbia) 카르타헤나(Cartagena)와 파나마(Panama) 포르토베요(Portobello)까지 운송된다.

1581년과 1582년 당시 백은이 많이 생산되면서 세상에서 가장 부유해진 페루 총독 관할 지역에서는 필리핀으로 배를 보내 직접 무역을 하였다. 1582년 스페인 왕실이 금지하자 페루는 아카풀코에 배를 보내 장터 무역을 통해 중국 물품을 사들일 수밖에 없었다. 17세기 아메리카를 여행한 이탈리아 신부 조반니 프란체스코 게멜리 카레리(Giovanni Francesco Gemelli Careri, 1651~1725)는 장터 무역이 시작되기 전 "페루에서 온 거의 모든 상인이 육지로 올라와 묵었는데 이들은 대부분 중국 제품을 사려고 200만 페소의 은화를 갖고 왔다"라고 일기에 적었다. 페루 사람들의 구매량이 상당히 크다는 것을 알 수 있다. 페루로 들어온 이들 물품들은 대부분 페루에서 자체 판매되었다. 페루의 수도 리마에서 가장 번화한 곳은 '상인 거리'였다. 이곳 대형 상점은 40여 호였으며, 각각 자본금을 100만 페소 이상 보유하고 있었다. 중국 제품들은 이들의 상점에서 인기 있는 상품이었다. '제왕의 도시'라고 불리는 거대한 은광의 중심지인 포토시(Potosí)에서는 아름다운 중국 비단이 상점 진열장에 진열되었고, 많은 사람의 이목을 끌었다. 또 다른 일부는 노새 떼에 싣고 험준한 안데스 산맥을 통과하여 아르헨티나(Argentina), 파라과이(Paraguay), 대서양 연안 기타 지역으로 운송되었다. 또 일부는 칠레(Chile)로 남하하였다. 어떤 미국 학자는 중국의 비단이 라틴아메리카로 전파된 범위에 관해 언급하면서 '남미 해안을 따라가면 중국 비단의 흔적이 없는 곳이 없다'라고 감탄하였다.

중국 비단은 아메리카에 도착한 이후에 각계각층의 사랑을 받았다. 우선 가격이 싸지만 품질은 우수해 현지의 가난한 사람들에게 인기가 높았다. 둘째, 스페인 침략자들은 아메리카를 정복하는 과정에서 막대한 부를 거머쥐었다. 매일같이 사치스럽고 호화로운 생활을 하였기에 그들에게는 고급 소비재와 사치품이 필요했고, 견직물의 화려함이 이들의 욕구를 충족시켜줄 수 있었다. 스페인령 아메리카의 사치스러운 귀족들은 중국 비단으로 만든 옷을 입는 것을 영광으로 생각하며 '자신을 빛나게 꾸미기 위해 은과 보석을 아끼지 않았는데, 그들은 금으로 장식한 복장과 중국 최고의 비단을 입었다'라고 하면서, '축제가 아닌 날이 없는 여성들은 중국에서 온 배에서 그들을 돋보이게 할 수 있는 새로운 양식의 사치스러운 견사 망토를 마음에 들어 했다'라고 자랑했다. 또한 종교에서 위엄과 고귀함을 드러내고자 하는 수요에 따라, 라틴아메리카에서 가톨릭은 매우 큰 영향력이 있었는데, 선교사들은 종종 중국 비단으로 법의를 제작하였다. 종교의식에서의 화려함과 극적인 효과를 위해 중국 비단은 교회의 장식품으로 사용되기도 하였다. 특히 인디언 성당은 값싼 중국 비단으로 치장하여 종교시설로서의 체면을 드러내고자 하였다. '예전에 이 성당들은 스페인 비단을 구매할 힘이 없었기에 장식품이 매우 궁상맞았다'라고 전한다.

　　명청 시기 중국 실과 비단이 라틴아메리카에 수입되고 전파된 역사를 종합하면, 중국 실과 비단이 라틴아메리카 사회 경제 발전에 매우 유익한 공헌을 했다는 것을 알 수 있다. 라틴아메리카 각 사회 계층의 일상생활 수요를 충족시켰을 뿐만 아니라 경제 발전과 시장 번영을 촉진했다. 아카풀코항, 그리고 '중국의 길'과 기타 상업 경로가 놓인 지역의 개발과 번영은 모두 중국 비단의 판매와 깊은 관련이 있다.

4절 영국 동인도회사가 유럽으로 운송한 비단

〈그림 10〉 십삼행상과 동인도회사가 체결한 계약

영국 동인도회사(British East India Company, BEIC)는 중국어로는 '브리튼동인도회사[不列顚東印度公司]'라고도 하며, 때로는 '존 컴퍼니(John Company)'라고도 불린다. 1600년 12월 31일, 영국 여왕 엘리자베스 1세(Elizabeth I, 1533~1609, 재위 1558~1603)는 이 회사에 인도 무역에 대한 특권을 주는 특허장을 수여했다. 회사는 점차 군대(함대 포함)를 거느리고 인도에 정부기관을 세워 영국령 식민지에 대한 정치적 통치, 경제 수탈, 나아가 노예와 마약까지 판매하는 군사·정치 복합 식민지 통치기관으로 발전했다. 영국 동인도회사는 영국 자본주의 초창기의 자본 축적 과정에서 중요한 역할을 했으며, 17~19세기 중영 무역에서 빼놓을 수 없는 중요한 역할을 했다.

영국인들은 먼저 인도에서 장사했으며, 17세기 후반 네덜란드인을 대신하여 중국 무역권에 진입하기 시작하였다. 18세기 이후, 합병된 동인도회사는 실력도 탄탄할 뿐 아니라 앞선 유럽인들보다 더 능수능란하게 중국 상인과 거래하는 것처럼 보였다. 부득이한 경우 대외무역을 관리하는 중국 관리들에게 직접 은으로 뇌물을 공여하거나 중국식 세관 관리 방식을 받아들이는 데에도 거리낌이 없었다. 중영 무역은 이런 마찰과 충돌 속에서 발전할 수 있었다. 영국인들은 마침내 세계시장에서 대중(對中) 무역의 일인자가 되었고, 향후 200년 동안 이 칭호를 잃지 않았다.

캔톤시스템이 이뤄지던 시기, 광저우의 생사와 견직물은 주로 영국과 미국으로 수출되었다. 다음은 1775~1838년 영미 양국이 광저우에서 반출한 생사와 견직물의 양을 집계한 표이다. 표는 영국과 미국이 광저우에서 반출한 생사와 견직물의 규모가 상당하였으며 점차 확대되어온 상황을 반영하고 있다.

〈표 1〉[29]

단위 : 담

연대	영국		미국		기타	
	생사	견직물	생사	견직물	생사	견직물
1775~1779	12,980				10,592	
1780~1784	7,903				1,581	
1785~1789	13,322		916		1,581	
1790~1794	11,956		303		817	
1795~1799	7,264		504	9,000	681	
1805~1809	5,666		242		172	
1810~1814	9,299	1,964	366	1,916		
1815~1819	9,273	1,964	507	10,161		
1820~1824	21,641	159,708	165	1,583,196		
1825~1829	26,973	276,985	1,747	22,475,011	130	750
1830~1833	31,690	263,733	10,458	812,553		27,350
1834~1838		263,733		700		

---

29 자료출처 : 1775년에서 1833년까지의 수치는 모스(H.B.Morse), 『동인도회사 대중무역 편년사(The Chronicles of the East India Company, Trading to China, 1635~1834)』 Vol. 2, 3, 4에 기재된 각 무역년도 수치이며, 나머지는 덜레스(F.R. Dulles), 『The Old China Trade』 (Bosten, 1930)에 기재된 수치를 추산하여 작성한 것

　　〈표 1〉에 따르면 19세기에 이르러 생사의 수출량이 급격히 증가했음을 알 수 있다. 영국 산업혁명 이후 방적업이 크게 발전하면서 중국 생사에 대한 의존도가 심해진 탓이다. 그리하여 멜버른(William Lamb, The 2nd Viscount Melbourne, 1779~1848) 영국 총리는 '생사가 없으면 급성장하는 우리의 중요한 제조업이 크게 마비될 것'이라고 말하기에 이르렀다. 이 때문에 중국의 생사 수출은 많이 늘어났고 견직물 수출은 그만큼 줄어들었다.

　　아시아에서는 생사와 견직물은 주로 필리핀의 루손과 일본을 수출 시장으로 하였다. 명 중기 푸젠성 하이청현(海澄縣) 월항(月港)에서 군비 충당을 위한 교역 제도가 시행된 이래 루손(Luzon)섬 스페인 식민지는 중국 생사 수출의 가장 중요한 시장이었다. 당시 유럽 시장을 비롯해 아메리카 대륙의 멕시코와 페루 등에서 필요로 한 중국 생사는 대부분 마닐라를 거쳐 수출된 것이었다. 일본에서도 중국 견직물은 줄곧 넓은 시장이 형성되어 왔다.

　　해외시장이 전례 없이 확대되면서 중국 비단 제품의 해외 판매량도 많이 늘어났다. 청대 대외 경제 교류와 세계 시장 형성이 연관되어 발전한 이후, 생사와 비단 수출도 새로운 속도로 급성장하였다. 옹정 연간에 이르면 생사와 비단은 광저우에서 가장 큰 수출 상품이 되었다.

6장

금륜회관의 변천과
광둥 견직업의 변화

금륜회관은 창립된 이래 여러 차례 변화했는데, 이는 광둥 견직업의 굴곡진 역사를 반영한다.

1절 금륜회관의 변천

금륜회관은 1723년 창립되어 현재까지 291년의 역사가 있다. 회관 안에는 19개의 비석이 아직 보존되어 있으며, 비석에는 회관의 창립과 중수, 증축 과정은 물론이고 회관의 조직 운영, 규칙, 견직업과 관련한 상황이 자세히 기록되어 있다. 금륜회관은 마치 모든 풍파를 경험한 노인과 같다. 곡절 많은 경력을 통하여 금륜회관은 우리에게 광둥 견직업의 역사를 생생하게 말해준다.

금륜회관 정문 마당의 동쪽 회랑 벽 위에 경계석 성격의 작은 비석이 있다. 비문에 작성 연대는 적혀 있지는 않지만, 내용상 도광(道光) 5년(1825)에 세워진 것으로 보인다. 비문에는 회관의 창건과 몇 차례의 중수 및 증축 시기, 규모 및 사방 경계[四至]가 간단하게 묘사되어 있다. 비문의 전문은 다음과 같다.

금륜회관은 옹정 원년에 창립되었다. 건륭 갑신년(건륭 29년, 1764)에 이르러 등 씨(鄧氏)의 집 두 칸을 사서 건립했다. 도광 을유년(도광 5년, 1825)에 이르러 다시 서청(西廳)과 후좌(後座)를 증축했다. 그 후 벽 바깥에 천거(天渠)를 두어 통하게 했으며, 앞에는 용도(踊道, 주랑)가 넓게 조벽(照壁, 밖에서 대문 안이 들여다보이지 않도록 대문을 가린 벽)까지 이르고, 회관의 유장(留牆) 바깥으로 7촌 너비의 적수(滴水, 처마 빗물이 잘 빠지도록 건물과 건물 사이에 남겨둔 땅)를 둘렀다. 진실로 시일이 오래 지나 누군가 점거하여 집을 지을 것이 우려되었기에, 특별히 이 글로 명백히 하여 이웃이 서로 화목하게 하였다.

위 인용문에서 알 수 있듯 금륜회관은 초기 100년 동안 건륭과 도광 연간 두 차례에 걸쳐 대대적으로 중수되거나 증축되었다. 다른 십여 개의 비문에 의하면 금륜회관은 적어도 6차례에 걸쳐 중수와 재건이 이루어졌다.

1. 청 옹정 원년(1723) 창립

금륜회관이 창립되기 이전 견직업에 종사하는 상점은 일찍이 기부금을 내어 시관(西關)에 있는 서래승지(西來勝地)에 관제묘(關帝廟)를 중수하여, 봄과 가을에 제사를 지내고 모여서 일을 논의하는 장소로 사용했다. 그러나 관제묘는 견직업만 전용하는 제사 장소가 아니었다. 게다가 당시 견직업의 자본가[東家]들은 그 수가 많고 재력이 풍부했기에 옹정 원년(1723)에 자금을 내어 관제묘의 동쪽 "등 씨에게서 구입한 집 두 칸"에 금륜회관을 건립했다. 「금륜조사비기」와 「계석비(界石碑)」를 보면 "금륜회관은 옹정 원년(1723)에 창립되었고, 건륭 29년(1764)에 이르러 등씨의 집 두 칸을 사서 건립했다"라고 기록되어 있다. 또한 "그 후 사람들이 날로 많아졌으며, 기술과 재산이 진흥하였다. 이에 계묘년에 많은 금을 모으고 기부금을 낸 사람을 모두 비문으로 새겨놓았으며, 관제묘 왼편에 당을 짓고 선사신 한(漢) 박망후 장건을 모셨다"라고 기록되어 있다.

동업자 회관의 건립은 당시 광저우 견직업계에서 일대 사건이었다. 회관을 건립하는 데 다들 대단한 열의를 보였으며, 견직업 상점과 개인이 기부한 건수는 1,338건이나 되었다. 그 가운데 주회(主會)가 기부한 황금

〈그림 1〉 금륜조사안선사비기(錦綸祖師案 〈그림 2〉 중건회관비(重建會館碑)
先師碑記)

만 173냥 4전 9푼에 이르렀으며, 기타 견직업 상점과 개인이 기부한 금과 은의 정확한 수치는 집계할 수 없다.

2. 청 건륭 28년(1763) 중수

건륭 28년(1763), 회관은 '당(堂)'이 협소하고 쓰러질 듯'하여 '음력 6월 곽항발(郭恒發)이 강구하여 그것을 새로이 건설'하였다. 공사 기간은 건륭 28년 음력 12월부터 건륭 29년(1764) 8월까지였다. 「중건회관비기(重建會館碑記)」에 결자(缺字)가 많아 기부금을 낸 사람의 수와 금액은 집계할 수 없다. 그러나 건륭 30년(1765)에도 견직업 상점과 개인은 기부금을 납부하거나 혹은 기부금을 기꺼이 부담하기로 했다. 건륭 30년 「중건비기(重建碑記)」 기록에 의하면 그해 기부금을 낸 것은 "유순삼(劉純三)이 화전(花錢) 3대원(大員)을 도왔으며, 하유방(何儒芳)이 화전 2.5대원을 도왔"으며, 기부금을 기꺼이 부담하기로 한 상점과 개인은 모두 123건이었다. 기부금 부담 비용은 4전 5푼부터 2대원까지 일정하지 않았으며, 모두 147대원 1전 5푼과 28중원(中員)으로, 합계 161대원 1전 5푼이었다. 따라서 인원수나 금전 면에서 건륭 연간의 기부금은 옹정 연간보다 많았음을 알 수 있다.

3. 청 가경 2년(1797) 중수

가경(嘉慶) 2년(1797) 「중수비기(重修碑記)」 기록에 의하면 이번 중수는 "세성(歲星, 목성)이 순화(鶉火, 28수(宿) 중 하나)에 걸려 있을 때에, 강풍과 폭우로 처마가 기울어지고 기와가 무너져내리는 것을 두고 볼 수 없었기" 때문이었다. 그리하여 그해 총리치사(總理值事, 전체를 관리하는 담당자) 하고연(何翺然) 등은 "모여서 중수(重修)를 논의했다". 또한 당시 "때마침 기회가 되고 (비단의) 시세가 높아, 천시(天時)와 인사(人事) 양쪽 모두 맞아떨어졌"으며, 기부금을 내는 것이 상당히 활기를 띠었다. 당금(當

金)을 기꺼이 부담하기로 한 상점과 개인은 모두 12개였으며, 금액은 6대원 4전과 6중원, 합계 9대원 4전이었다. 이외에 금륜회관 선사주회(先師主會)에 가입한 상점은 12고(股)로 나뉘며, 고마다 베틀에 따라 "공사 비용을 부과했으며"("베틀마다 1전"), "부과한 공사 비용"은 모두 은 425냥 1전이었다.

4. 청 도광 5년(1825) 중수

이때의 중수는 조직과 규모 면에서 모두 이전보다 더 크게 하고자 했으며, 전문적으로 "중건치사(重建值事)"를 두었다. 도광 3년(1823)부터 도광 6년(1826)까지 "공동으로 추천한 금륜회관과 선사회관의 치사들이 3년 동안 6개의 반으로 구성되어 일을 맡아 교대로 감독했다". 매년 금륜치사와 선사치사 두 조가 함께 돌아가며 일을 담당한 것이다. 기부금 역시 비교적 많았는데, 비문에 작성된 불완전한 통계에 의하면 도광 3년 선사치사 및 관련 상점에서 받은 "희조공금(喜助工金)"은 모두 127원이었으며, 도광 4년(1824) 금륜치사 및 관련 상점에서 받은 희조공금은 모두 164원이었다. 도광 5년(1825)금륜치사 및 관련 상점에서 받은 희조공금은 모두 290원과 "장명등(長明燈) 1개"였으며, 선사치사 및 관련된 상점에서 받은 희조공금은 모두 300원이었다. 도광 6년(1826) 금륜치사가 받은 희조공금은 모두 132원이었다.

이외에 당시 금륜회관에 가입하였던 상행 가운데 견직품 종류에 따라 구분된 몇몇 대행(大行), 예를 들어 선사행(線紗行), 양화돈인행(洋貨敦仁行), 양화접직행(洋貨接織行), 조망행(朝蟒行), 궁녕선평행(宮寧線平行), 금채접직행(金彩接織行), 본지우랑방접행(本地牛郎放接行), 소선추우추접직행(素線繝羽繝接織行), 원청접직행(元靑接織行), 접직우랑행(接織牛郎行), 화팔사행(花八絲行), 접직양화행(接織洋貨行) 등은 모두 '박망후만금(博望侯滿金)'이라는 두패(頭牌) 한 쌍과 받침대, 그리고 선사에게 입힐 망포(蟒袍, 명청대 관복) 한 벌과 관대(冠帶) 등의 물품, 그리고 "희조공금(喜助工金)" 125원을 기부할 것을 수락했다. 앞서 두 차례 중수와 마찬가지로 금륜회관의 이번 중수는 금륜치사, 선사치사 및 각 대행의 희조공금 외에 많은 상점과 개인의 희조공금이 있었으며, 희조공금은 상점을 중심으로 이뤄졌다. 통계에 의하면 희조공금 모금에 참여한 상점과 개인은 627개였고, 금액은 약 2,443대원과 475중원, 즉 2,680원 5각이었다.

5. 청 도광 17년(1837) 증축

도광 17년(1837) 금륜회관의 치사는 "인사(人事)가 순조롭지 않고 여론이 어긋난다"라는 것을 이유로 하여 사람을 불러 풍수를 보게 하였는데, "오른편에 살(殺)을 맞는 곳이 있으니, 이를 누르려면 조장(照牆), 조벽(照壁) 밖에서 대문 안이 들여다보이지 않도록 대문을 가린 벽) 남는 땅의 동남 모퉁이에 재성루(財星樓)를 높이 세워 살을 누르거나 뽑는 것이 좋다"라고 했다. 당시 재성루 증축에 호응한 이들은 매우 분발하였고, 삼년치사(三年値事)들이 온 힘을 다하여 기부 명단에 서명할 것을 권유한 끝에 거둔 기부금도 비교적 많았다. 공사비를 기부하겠다는 상점과 개인은 모두 289개였으며, 공사비용 총액은 약 454대원이었다. 제15호 「첨건비기(添建碑記)」에 다음과 같이 기록되어 있다.

우리의 금륜회관의 내력을 따져보면 전대의 옹정 계묘년(옹정 원년, 1723) 성 서쪽

에 있는 서래승지(西來勝地) 한 모퉁이에 땅을 골라 건축하였다. 묘우(廟宇)의 터는
깊으며, 두 채의 대청[大進]은 왼쪽은 대청[廳房]이고, 오른편은 횡문(橫門)이며, 출
입하는 길 앞에 조장(照牆)을 세웠고 두진문(頭進門) 밖에 땅을 조금 남겨두어 동서로
왕래하는 행인이 다니는 거리로 삼았다. 지형이 넓게 펼쳐져 있고 규모가 웅장하고
화려하며, 좌향(坐向, 묘지나 집터 따위의 정면으로 바라보이는 방향)이 적절하여, 그
곳은 한(漢) 박망후 장건 선사의 신령을 제사 지내는 데 적당했으며, 제사 음식을 끝
없이 흠향하시게 하여 후세인이 이로워지도록 하였으니 참으로 좋다. 그 후 건륭 25
년(1760)과 가경 2년(1797)에 두 차례 중수했으나 여전히 본래 있던 자리에 있다.
도광 5년(1825)에 이르러 후세 사람들은 형세가 좁고 협소하다고 여겨 마침내 후좌
를 증축했으며 선사의 성상(聖像)을 옮겨 모셨다. 오른편을 서청(西廳)으로 바꾸고 왼
편을 횡문으로 했으며 담을 높이고 정원을 꾸몄으며, 그 문을 높였다. 추녀 끝은 휘
황찬란하게 하고 건물의 형세가 널찍하였으니 기상이 전보다 훌륭하다. 다만 점점
인사(人事)가 순조롭지 않고 여론이 엇갈리니 모여서 의논하여 남읍(南邑) 상생(庠生)
진자강(陳子剛) 선생과 풍지언(馮芝彦) 선생을 공손히 초빙했으며, 모여서 의논을 정
하여 말하길, 선사의 자리와 횡문의 길은 모두 처음 건물을 세울 때 기본 규정을 따
르는 것이 가장 좋은데, 오른편에 이르면 살을 맞는 곳이 있어 조장 남는 땅의 동남
모퉁이에 재성루를 높이 세워 살을 억누르고 뽑아야 복음(福蔭, 복이 깃들 수 있는 범
위)이 절로 시들지 않는다. 이때 사람들은 매우 열성을 보여 삼년치사들이 협력하여 기
부금에 서명을 권하였다. 인부를 모으고 재료를 마련하여 채 수개월도 안 되어 일을 마
쳤다. 도광 17년(1837) 7월에 시작하여 그해 10월 준공했다. 비용도 많았고 완공도 빨
랐으니 선사 신령의 도움이 없었다면 어찌 이럴 수 있겠는가?

이 비문은 금륜회관의 창건과 이후 진행된 중수 및 증축 과정, 그리
고 금륜회관의 구조와 형성 과정을 비교적 완전하게 기술했다. 금륜회관

은 옹정 원년(1723) 창건되었으며, 건륭과 가경 연간 두 차례 중수되었다. 모두 겹집(兩進) 형태의 건축이며, 도광 5년(1825) 처음 후좌를 증축했다. 아울러 선사성상(先師聖像, 장건 성상)을 이곳으로 모셔 오고, 동시에 서청을 증축했다.

6. 청 광서 2년(1876) 중수

광서(光緒) 초에 이르면, "사당의 모습이 새롭지 않고, 물고기로 장식된 문고리는 햇볕에 그을리고 붉은색으로 갈라졌으며, 짐승 장식 기와는 바람에 깎이고 푸른 이끼가 서렸으며, 벽이 무너질 것을 우려하여", "자금을 모아 수리하여 복원하기로 합의했"으며 아울러 중수치사의 총리(總理, 총책임자)와 협리(協理, 부책임자)를 세웠다. 이번 보수에서는 대규모로 자금을 모금하지 않았다. 당시 금륜회관에 자금이 충분했기 때문이다. "매해 등롱을 켜는 비용으로 금은 544냥 3전을 남겨두었다." 또한 "방매행의 베틀에 매긴 은[科機頭銀]을 들인 것이 227냥 5전 5푼이고, 접직행의 베틀에 매긴 은을 들인 것이 117냥 1전"으로 이 세 항목을 "합한 총 수입액은 은 888냥 9전 5푼"이었다. 이때에는 지출 내용을 상세하게 기록하였다. "대업을 시작하기 위해 벽토 재료로 지불해야 하는 은[洪源泥水工料銀]이 695냥 3전 5푼이고, 문원(文元) 칠을 하는 데 지불하는 해야 하는 은[文元油漆銀]이 155냥이었으며, 신 앞에 놓는 주석 그릇을 새로 놓거나 바꾸는 데 지불해야 하는 은[添換神前錫器銀]이 38냥 6전으로 총 지불해야 하는 은은 888냥 9전 5푼이었다."

제 19호 비석인 「중수비기(重修碑記)」에 다음과 같이 기록되어 있다.

(청대) 국초부터 짓기 시작하여 대대로 계승되었다. 처음 건륭 계미년(건륭 28년, 1763)에서 도광 을유년(도광 5년, 1825)까지, 땅을 수 궁(弓, 1궁은 5척)으로 더 북돋고 3차례 중수하였다. 건물이 매우 화려하고 누대를 세워 노래하고 춤추니 크고 성대하구나! 지금도 제사 향불은 예전 같은데 사당 모습은 새롭지 않으니, 물고기로 장식된 문고리는 햇빛에 표면이 갈라졌고, 짐승 장식 기와는 바람에 깎여 푸른 이끼가 서렸다. 벽이 무너지는 것이 염려되니 신이 어찌 머물겠는가? 이에 모여 합의하여 자금을 모집하고 수리하여 복원하려 하니 다행히 공공의 금고에는 돈이 쌓여 있고 동전도 이미 많이 모였으며, 베틀마다 조금씩 부과하니 작은 것들이 모여 큰일을 이루었다. 이때부터 동각(東閣)을 크게 짓고 동벽(東壁)의 도서(圖書)들을 많이 늘렸다. 서청(西廳)을 윤색하니 서원(西園)의 모습을 담은 서화 못지않다. 지난해 겨울 (사람들에게 중수를) 알리고[啓事], 윤달 여름(閏夏)에 준공했다.

이로써 금륜회관은 오늘날의 구조와 규모가 갖추어졌다. 금륜회관의 성공적인 이전이 진행된 이후 오늘날 회관은 광저우 시관을 출발하는 해상 실크로드를 상징하며, 광저우 견직업 생산과 대외무역의 중요한 역사적 물증이자, 광저우 견직업 발전사에서 매우 중요한 보물이라고 할 수 있다.

당시 "오사(五絲)와 팔사(八絲)는 광둥의 단(緞)이 훌륭하고, 은전이 십삼행에 가득 쌓여 있다"라는 십삼행 비단 무역에 관해 묘사한 시구, 그리고 회관 건설을 도운 1,400개 넘는 상점이 기록된 금륜회관의 비석을 통해 당시 작은 십삼행 지역에 수많은 비단 점포가 있었고 거대한 무역액을 창출했다는 것을 알 수 있다. 또한 당시 광저우 비단 무역이 매우 성행했다는 것을 확인할 수 있다. 아쉽게도 당시 매우 인기 있던 십삼행은 일찍이 큰 화재로 소실되었고, 베틀 소리 역시 오늘날 옥기(玉器) 시장의 번영 뒤에 자취를 감추었다. 그러나 다행히도 금륜회관이 남아 있어, 마치 청대 광저우 견직업의 성황을 노래한 아름다운 문구처럼, 숨겨진 시구 가운데에서 근현대 광저우의 역사를 찾아내어 퍼즐처럼 맞춰 나갈 수 있다.

　　금륜회관은 청대 광저우 견직업 동업조합이 소재한 곳이며, 해상 실크로드의 중요한 유적이자 광둥 견직업의 발전과 번영을 보여주는 역사의 증인이다. 아편전쟁 이후 서양의 동력 방직기가 점차 중국에 전해지면서 대량의 양사(洋紗, 기계로 짠 면사)와 캘리코(calico, 洋布)가 광저우로 쏟아져 들어왔다. 이로 인해 광저우와 주변 지역의 방직업은 점차 쇠퇴했으며, 금륜회관 역시 과거의 찬란했던 영광을 잃게 되었다. 그러나 금륜회관의 역사적 지위는 매우 중요하였기에 전쟁을 겪은 후 중수되기도 했다. 민국 시기 쑨원(孫文)은 금륜회관에 대하여 영원토록 다른 명칭을 지어서는 안 된다고 지시하였다. 이로 인해 회관은 몇 차례 변천을 겪었지만, 그 이름은 변하지 않았다. 오늘날의 금륜회관은 몇 차례의 우여곡절 끝에 광저우견직업박물관[廣州絲織行業博物館]으로 변했으며, 무료로 개방하여 더욱 많은 사람이 들어와서 회관의 이야기를 들을 수 있게 되었다.

2절 무역 방식과 무역 관계의 변화, 그리고 광둥 견직업의 굴곡진 발전

　　근세 수백 년 동안 중국의 대외무역 방식과 무역 관계는 모두 크게 변했으며, 이에 따라 광둥 견직업 역시 굴곡진 변화를 경험했다.

　　(1) 조공 형태의 공무역에서 민간 사무역으로의 이행은 광둥 비단 생산과 대외무역의 발전을 촉진하였다.

　　송원(宋元) 시기 이래 중국의 대외무역은 정부 당국에 의한 조공 무역에서 민간 사무역으로 넘어가기 시작했으며, 이는 중국 대외무역 규모를 점차 확대·발전시켰다. 특히 명청 시기 광둥의 상품경제는 다른 성(省)에 비해 상대적으로 발전했다. 이때 광둥의 상품 무역 방식과 무역 관계는 모두 중요한 변화가 나타났다.

　　중국 고대 전통적인 대외무역에서 조공 무역은 가장 중요한 무역 형태로, 외국 사신이나 상인이 중국으로 와서 조공 명목으로 무역을 진행했다. 명초 조공 무역은 절정에 달했으나, 명말 왕조의 쇠락과 함께 조공 무역을 유지하기 어려워졌다. "홍치 원년(1488) 이래 조공 선박이 광둥에서 입공한 경우는 점성(占城, champa, 베트남 중부), 섬라(暹羅, siam, 태국) 각각 한 차례에 불과했다." 서구의 식민주의자들이 동방으로 온 이후 조정은 이들을 접대하느라 몹시 분주했으며, "이때부터 해금(海禁)은 모두 금지되었으며, 관례상 입공해야 하는 번방도 실제로 오는 경우가 드물었다. 조공 선박이 장저우(漳州), 취안저우(泉州), 광저우에 이르러 무역하는 것도 한산해졌으니 옛날 같지 않았다." 이 역사적 시기에 비단은 외국에 건네는 중요한 선물로서 기능했을 뿐만 아니라, 조정의 거래에서도 화폐로서 계산하는 기능을 담당하였다. 예를 들어 홍치 연간에 "각종 저사(貯絲) 매 필은 지폐 500관, 각종 능자(綾子) 매 필은 300관, 각종 사(紗) 매 필은 300관"으로 규정하였다. 즉 현금으로 환산한 비단과 조공 상품을 교환하였다.

조공 무역이 쇠락하고 상품경제가 발전하면서 상인의 참여 비중은 점점 커졌다. 특히 수많은 민간 상인이 해외로 나가 장사했으며, 이는 조공 무역의 규모를 훨씬 뛰어 넘었다. 조공 무역은 사무역으로 넘어가기 시작하여 자유무역을 특징으로 하는 근대 상업 무역으로 전환되었다.

사무역은 송대에 발전하기 시작했다가 명대에 근본적인 변화가 발생했다. 대략 명 중엽 이후 중국에서는 해외로 나가 장사하는 사람들이 더욱 증가했으며, 중국 남부 연해 지역에서도 그러한 풍조가 형성되었다. 장섭(張燮, 1574~1640)은 『동서양고(東西洋考)』에서 "시박(市舶)의 설치는 당송(唐宋) 시기에 시작되었다. 대체로 외국인이 중국 시장에 참여하였고, 중국인이 외국으로 가서 사업하는 것은 오늘날과 같이 많지 않다"라고 기록했다. 정부의 대외정책은 일정하지 않고 계속 변했으며, 해상의 무역과 생존은 항상 해금의 타격을 받았다. 동시에 서구의 해적들이 동방으로 침입하여 중국 해상에게 큰 위협을 가했다. 따라서 최초의 사무역 형태는 도적이자 상인으로 활동한 무장 무역(武裝貿易)이었으며, 자주 내외와 결탁한 밀무역 방식을 사용했다. 무역에 종사하는 사람들은 상인과 해적이라는 두 가지 신분을 지니고서, 정부가 해금을 해제하여 무역을 허가할 때는 상업 활동에 종사했으며 해금이 엄격하게 시행될 때는 해적으로 전환하여 재물을 약탈하고 사람을 죽이며 정부에 대항했다.

밀수출에서 그들은 대부분 연해 각지의 토착 주민 심지어 일부 산적과 교류했으며, 이들에게 의지하여 비단 등 물품을 사들여 은닉한 후 재빠르게 바다로 나가서 남양(南洋) 각지에 판매했다. 차오저우(潮州)의 난아오(南澳) 섬은 일찍이 밀수 활동이 가장 빈번한 지역이었는데, 이곳은 해적의 소굴이자 동시에 장물아비가 물자를 원조받는 곳이었다. 많은 내지의 상인이 이곳으로 들어와 빈번하게 내외와 교류하고 밀수 활동에 종사했다. 모원의(茅元儀, 1594~1640)는 "왜구(倭寇)의 소식을 알고자 한다면, 난아오로 가서 상인으로 꾸미고 그들과 무역하여, 그들이 오고 오지 않음과 오는 횟수의 많고 적음을 철저히 조사하게 하면 1년 내의 사정을 모르는 것이 없을 것이다"라고 제의할 정도였다.

16~17세기 중국의 해상무역은 조공 무역에서 사무역으로 넘어갔다. 이 시기 대외무역은 경영 목적과 관리체계 등에서 모두 분명한 변화가 있었다. 한편으로 경영 목적은 정치형에서 경제형으로 변하였다. 조공 무역제도 아래 대외무역은 그 경영 목적이 먼 지역의 사람들을 회유하고 불러들여서 조공하게 하고, 중국의 종주국으로서 지위를 확립하고 공고히 하는 데에 있었다. 따라서 경영 과정에 있어 상업적 이윤과 경제적 효과라는 개념이 부족했다. 대부분 손해를 보는 매매를 했으며 조정의 조공국(朝貢國)에 대한 회사는 조공 물품의 가치를 상회하는 경우가 많았다. 또한 조공 사신을 접대하고 하사품을 내리는 비용을 더하면 결국 조공 무역이 성행할수록 손해가 심해져 거대한 경제적 부담을 야기했다. 사무역은 상업적 행위에 속하며 순수하게 경제적 이익의 추구를 목적으로 하였다. 당시 사람들은 "해안의 백성은 오직 이익만을 꾀하여 물오리와 같이 사지로 들어가거나 종종 섬 밖 오랑캐 땅으로 간다"라고 묘사했다.

이때 중국과 외국의 상품 교환은 등가와 이윤을 중시했는데, 지역 간에 가치 차이가 존재하여 수출 전후에 "중국 호사(湖絲, 저장 후저우(湖州) 산 생사) 100근은 은 100냥이나 저쪽에 이르면 두 배의 값을 얻는다"라고 하였다. 이러한 경제 무역은 의심의 여지 없이 중국에 경제적 실익과 발달을 가져왔다. 다른 한편으로 국가의 엄격한 통제형에서 자유무역형으로 점차 변하였다. 조공 무역은 시박사(市舶司) 기구가 직접 관리했고, 조정은 엄격하게 이를 통제했다. 교역 상품의 종류와 수량은 물론이고 무역 장소, 수속과 감독, 심지어 조공 국가, 입공 빈도, 선박 정박 등 모두 반드시 정부 당국에 의해 엄격하게 규정되었다. 사무역 역시 정부 당국의 통제에서 완전하게 벗어나지는 못했으며, 상인이 해외로 나가 장사하려면 현지 정부의 증명문서를 받아야 했다. 수입 과정에서 경제적 교역과 물품 검수 및 납세 등은 시박사에 부설된 아행(牙行)이 독점했다. 그러나 결국에는 상업 무역이었기에 세관을 통과해 납세한 후에는 통상적으로 자유무역을 할 수 있었다.

(2) 캔톤 시스템의 해체와 근대 상업 자유무역 제도의 확립은 광저우 항구의 지위에도 영향을 주어 광둥 비단 생산과 대외무역은 더욱 번영하게 되었다.

청대 건륭 연간부터 아편전쟁까지 정부는 광저우 단 한곳 출입구[一口]에서만 통상할 수 있게 했으며, 생사와 주단(綢緞, 비단과 공단)의 수출을 제한하는 정책을 실시했다. 아울러 생사와 주단을 수출하는 공무역을 광저우의 십삼행상이 운영하게 했으며, 개인이 관여할 수 없도록 하였다. 이러한 무역 형태를 사람들은 행상 무역이라 불렀다. 건륭 22년(1757) 광저우는 전국에서 유일한 해상 대외무역 항구였으며, 이로 인해 역사상 "일구통상(一口通商)"이라 하였다. 십삼행을 경유한 수출입은 꾸준히 증가했으며, 광저우는 청대 대외무역의 중심지이자 해상 실크로드의 기점이 되

었다. 당시 방직업 작업장의 주인은 작업장의 일꾼 모집을 통제하고, 작업
장 설립 지점과 수를 제한했다. 또한 원료를 합리적으로 분배하고 일괄하
여 합리적인 가격을 책정하며, 동업자의 이익을 지키려고 연합하여 행업
회관(行業會館)을 창립했다. 이외에 행회(行會, 동업조합)는 동업자 구제와
공익을 위한 자선사업도 벌였다. 다년간의 발전을 거쳐 아편전쟁 직전까
지 금륜행(錦綸行)은 화남 지역 견직업 생산과 판매를 독점했다.

　　광저우 견직업 상품은 대부분 수출품이었으며, 현재 파악된 자료에
의하면 오대주의 여러 국가에 판매되었다. 그리고 판매 지역에 따라 금륜
행은 다섯 행, 즉 양행장 안남화행(安南貨行), 싱가포르행(新加坡行), 뭄바이
화행(孟買貨行)세행과 현지 사주행(紗綢行)과 복주화장행(福州貨莊行)으로
나뉘었다. 그중 뭄바이산 물품은 염색하고 수를 놓아야 하는데, 다른 행의
물품 색과 비교하여 더욱 정교했으며, 무역 액수 역시 비교적 컸다. 금륜회
관에 있는 옹정 9년(1731)의 「금륜조사비기」에 "이로 인해 성천자께서 재
위하실 때 덕의 가르침이 퍼지고 은혜가 바다와 같이 넓었다. 저 도회 인
사들은 의관과 문물의 기이함에 감탄하였고, 먼 나라 상선 돛대들로 창고
에 쌓인 곡식과 무역의 성대함이 극에 달하였다. 즉 모든 공방이 여기에서
경영되고 모든 공예가 여기에 몰려들었다"라고 하여, 해외에서 비단 무역
이 성행하였음을 보여준다.

　　그러나 사무역은 그 기간에도 여전히 보편적으로 행해졌다. "십삼행
상관(商館, 외국 상인들이 광저우에서 무역과 거주를 하기 위해 설치한 장
소) 앞의 강변에 세관의 세잡(稅卡)을 설치했는데 밀수를 방지하는 것이
책무였다. 그러나 외국 상인의 뇌물로 인해 세관은 실질적으로 생사의 불
법 수출과 포목의 불법 수입을 돕는 통로가 되었다. 후먼커우(虎門口) 밖
영정양(伶仃洋, 광저우만 일대 바다) 위에는 늘 많은 배가 있었는데, 항구

로 들어오지 않은 채 그곳에 정박하며 규모가 큰 밀무역을 하였다. 또한 이러한 무역이 이미 지방정부의 큰 수입원이 되면서 점차 공공연하게 이루어졌다." 이외에 중국 국내의 민간 해상은 예전부터 행상이 무역을 독점하던 것을 원망했으며, 동시에 거대한 이익이라는 유혹에 넘어가 이러한 활동에 참여하였다. 그들은 행상의 명의를 빌리거나 혹은 외국 상선과 행상이 교역하기 전에 틈을 타서 외국 상인과 대량의 교역 활동을 진행하였다. 이렇게 중국의 생사와 견직품은 세계 각지로 수출되었다. 이러한 밀무역의 충격으로 청 정부는 1817년 어쩔 수 없이 수출 상품의 제한을 완화했으나, 여전히 차, 생사와 면화, 면포는 십삼행이 경영하도록 규정했다. 따라서 서방 식민주의자든 중국 민간 해상의 밀수 활동이든 간에 이것들로 인해 사라지지는 않았다.

대외무역이 발전하면서 일구통상의 폐해도 나날이 드러나기 시작했다. 기존의 13양행의 일방적 독점은 광대한 행외 상인이 [무역에] 참여할 수 없게 했으며, 또한 비단과 같은 종류의 수출에 대해 정부는 여전히 수시로 행정 규제를 하였다. 이외에 공행(公行)은 관료이면서 동시에 상인으로도 활동하는 특색으로 인해 관리가 횡령하거나 부패하는 풍조가 형성되었으며, 세금이 계속해서 부과되었다. 이러한 폐단은 비단의 대외무역 발전에 큰 영향을 끼쳤다.

19세기 중국과 영국의 난징조약(南京條約) 등 일련의 조약을 체결하면서 공행제도가 깨졌으며, 조약의 규정 아래 이른바 "자유무역제도"가 점차 확립되었다. 서구 학자가 습관적으로 "조약제도(條約制度)"라 칭하는 무역제도는 한편으로는 불평등조약에 상응하는 불평등 무역제도였다. 이로 인해 중국의 대외무역은 점차 외국 상인의 손에 통제되었으며, 중국 상업에 거대한 경제적 손해를 가져왔다. 다른 한편으로는 이전 관상(官商)

이 독점하던 대외무역과 비교하였을 때, 이러한 제도는 상품경제 발전사에 있어 또 하나의 진보라고 할 수 있으며, 중국 대외무역 제도의 근대화에 있어 중요한 한 단계이다. 1832년부터 1837년까지 광저우에는 여러 국가의 자유 상인이 배로 증가했고, 그들이 광저우에서 반출한 생사는 연간 2만 1,727포에서 4만 9,988포로 증가했다. 생사와 비단을 교환하려고 외국 상인은 대량의 은화를 가져왔다. 특히 광저우 일대는 외국의 은화가 시장에서 유통되는 경화폐로서 기능했으며, 자본주의 금융 신용 대부 시스템도 역시 중국에 도입되어 광둥의 대외 비단 무역에 커다란 영향을 미쳤다. 교역할 때 외국 상인은 광저우 항구에서 직접 제품을 구입할 수 있었으며, 대출과 대차를 할 수도 있었다. 중국 생사 상인과 계약을 체결하여, 중국 내지에서 정해진 품질과 양에 따라 제사 공장을 구매했다. 그로 인해 내지의 잠사 비단 생산 지역으로 깊이 들어가 비단을 사들이는 것이 유행하기 시작했다.

3절 기계 생산의 도입과 광둥 견직업의 성쇠

1860에서 70년대 서방 선진 과학기술의 영향으로 기계 생산이 광둥 견직업에 도입되기 시작했다. 청 동치(同治) 12년(1873) 베트남 화교 진계 원(陳啓沅, 1834~1903)은 자신의 고향인 난하이현 시차오 지엔촌(簡村)에 중국 최초로 민족자본으로 기계식 제사 공장을 설립하여 중국 제사공업을 획기적으로 발전시켰다.

비단 생산은 이전에는 모두 수공업으로 생산되었다. 실을 뽑고 비단 을 짜거나 날염하거나 상관없이 모두 손으로 당기고 발로 밟아 생산했으 며, 노동자의 노동 강도는 높았으나 생산 효율은 낮았다. 이는 바로 〈그림 4, 5〉를 보면 확인할 수 있다.

1859년 젊은 진계원은 안남(安南, 현재의 베트남)으로 가서 형을 도 와 상업에 관한 일을 맡았으며 장사로 부자가 되었다. 1872년 진계원은 고 향 지엔촌에 계창융소사창(繼昌隆繅絲廠)을 설립했다. 이때부터 중국에서 기계로 실을 뽑기 시작했으며, 광저우의 대외 비단 무역이 회복되고 발전 할 수 있는 기초가 마련되었다. 광둥에 첫 번째 기계식 제사 공장이 건설 되고 생산에 들어가면서 신식 생사가 만들어지기 시작했는데, 재래식으로 뽑아낸 생사와 비교하여 규격이 일치하고 굵기가 균일하며 윤기가 선명해 품질이 우수하였다. 이에 영국, 프랑스 등의 생사 상인이 즐겨 사용했으며, 이로 인해 당시에 "양장사(洋裝絲)"라고 하였다. 또한 양장사는 가격 면에

서 재래식 생사에 비해 훨씬 뛰어났다. 재래식으로 뽑아낸 생사는 수출할
때 매 담(担, 100근)의 가격이 은 400냥이었는데 양장사는 600냥으로 50%
비싸서 이윤이 매우 컸다.

동치 13년(1874) 순더현(順德縣) 룽산향(龍山鄕)에는 처음으로 제사
공장이 설립되었다. 광서(光緖) 원년(1875)에는 순더현 다량(大良) 베이관
(北關)에 이화창기기소사창(怡和昌機器繰絲廠)을 열었으며, 여공 500~600
명을 고용했다. 그 후 다량 순창성(順昌成), 다사(大沙) 영창(永昌)과 태잔
(泰棧), 룽치(容奇) 협삼재(協三才), 양쟈오(楊滘) 영정상(永貞祥) 등의 제사
공장이 연이어 설립되었다. 광서 10년(1884)부터 순더현에서는 발로 밟아
실을 뽑는 물레[足踏繰絲車]가 손으로 실을 뽑는 물레[手繰車]를 대신하였
고, 동시에 기계식 제사 공장 역시 빠르게 발전하였다. 광서 12년(1886) 순
더현에서 기계로 뽑아낸 실의 생산량은 약 2.28만 담이었으며, 다음해 순
더현에는 기계식 제사 공장이 모두 42곳이나 되어 광둥성의 90% 이상을
차지했다. 광서 연간 저장 출신 도심운(陶心雲)은 광둥을 여행한 후 부(賦)
를 지어 "실을 뽑는 새로운 제도는 서양에서 왔고, 여러 북이 동시에 움직
이니 은빛을 내네"라고 했는데, 이는 당시 순더현에서 잠사업이 성황을 이
룬 것을 보여준다.

기계생산의 도입은 또 다른 영향을 끼쳤다. 바로 외국 기계로 직조한
양주(洋綢)가 국제시장을 장악하면서 광둥은 물론이고 중국 전역의 수공
업 견직이 쇠락하기 시작했다. 1890년대 이후 구미권의 기술 혁신에 따라
구미의 양주와 양단(洋緞)이 광범위하게 생산되었다. 과학기술이 더욱 발
전하고 생산 원가가 저렴하여 구미의 양주와 양단은 중국의 주단(綢緞)보
다 좋지는 않았지만 가격이 저렴했으며, 모양이 화려하고 양식의 변화가
빠른 특징으로 인해 중국 비단이 큰 영향을 받았다. 이는 중국 비단 업계

에 커다란 충격이었다. 이러한 양주는 구미 시장을 선점하였을 뿐 아니라 중국으로 대량 유입되어 광둥의 견직물 시장으로서는 타격이 컸다. 1932년 『국제무역도보(國際貿易導報)』에는 "(광둥의) 비단 수공업은 외국 기계로 만든 직조품이 대량으로 몰려 들어와 시장을 장악하면서 발전하는 모습을 보이지 못했을 뿐 아니라 그 범위 역시 날로 좁아졌다"라고 지적했다.

20세기 초부터 광둥의 대외 비단 무역은 구성 비율에도 커다란 변화가 발생했다. 19세기 이전에는 견직물 위주였으나, 이후에는 생사가 중요한 지위를 차지했다. 1928년 광저우항에서 수출하는 토산품 가운데 생사가 80%를 차지했다. 민국 초기의 15년간 광저우에서 수출한 생사는 연평균 3,800만 해관량(海關兩)에 달하였다. 당시 저명한 상학박사 이태초(李泰初)는 "사실 우리 광둥의 외국 무역은 거의 생사에 의존했다. 광둥 견직업 무역은 연중 수출입이 천만으로 계산된다. 따라서 광둥은 중국 외국 무역에서 중요한 지위를 차지할 수 있었으며, 또한 생사에 의존했다"라고 지적했다. 당시 광저우의 견직업은 제품의 무늬와 색, 도안에 신경을 썼으며, 해외에 거주하는 화교의 수요에 맞추어 "포플린[竹紗]" 등의 제품을 생산했다.

광둥의 대외 비단 무역에 영향을 미치는 또 다른 요소는 전쟁으로 인한 손실이었다. 1938년 10월 일본이 광저우를 점령한 후 일본 정부가 제시한 "현지의 물질을 이용하고 백년전쟁(百年戰爭)을 수립하자"라는 구호를 관철하려고 생사와 누에고치를 특종물품(特種物品)으로 지정했다. 이로 인해 상인이 자유로이 매매하는 것이 금지되었으며, 일본군이 싼값으로 구매하는 것만 가능하였다. 당시 일본군은 순더현에서도 동일한 정책을 실시했는데, 생사 1담에 군용표(軍用票) 650원만 주었으나 홍콩으로 운송하면 1,200원에 판매할 수 있었다. 1941년 12월 태평양전쟁으로 광둥의 생사 수출이 중단되었고, 모든 잠사비단업은 붕괴되었다. 항일전쟁에서 승리한 후 잠사비단의 생산과 무역은 다소 회복되었다. 그러나 국공내전이 또 발생하면서 정치와 경제가 극도로 불안해지고 모든 업종이 쇠락했으며 광둥의 잠사비단업 역시 큰 타격을 입었다. 1949년에 이르러 광둥성에서 생산한 누에의 양은 5,100톤에 불과했으며, 제사 공장은 단지 3곳만 남아 있었다. 생사 생산량은 384톤에 불과했으며, 생사 수출량은 20톤으로 1922년의 1%에도 미치지 못했다.

4절 낭사주 : 광둥의 독특한 비단 제품

흑교주(黑膠綢, 여름용 얇은 비단)와 향운사(香雲紗, 무늬 있는 얇은 검은색 고급 견직물)는 광둥의 유명한 비단 특산품으로 서랑사주(薯莨紗綢)와 같은 종류의 제품에 속한다. 동치 10년(1871) 『번우현지(番禺縣志)』에는 "서랑(薯莨, 마과에 속하는 식물)은 스챠오(市橋, 판위의 한 지역)에서 비단을 염색하는 데 사용하기 시작했으며, 근래에는 도금양나무[稔子樹]를 빻아 생긴 진액으로 염색하여 여름에 일상복이 되었다"라고 하였다. 선통(宣統) 3년 『번우현속지(番禺縣續志)』에서 "서랑주(薯莨綢)"라는 단어를 더욱 명확하게 언급했으며, 『번우현속지』 권12, 「실업지(實業志)·수예(樹藝)」에 "스챠오 사람들 대부분 서랑을 경작하는 것을 업으로 삼았으며, [서랑을] 이용하여 염색한 비단을 서랑주(薯莨綢)라고 하였다"라고 기록되어 있다.

서랑사주는 햇볕에 말린 서랑비단(薯莨絲綢) 제품을 말하며, 숙사(熟絲)로 짠 주단(綢緞)과 구별된다. 주(綢)는 무늬가 없는 평직으로 짠 잠사 직물이며, 사(紗)는 자카드(jacquard)로 짜서 도드라진 무늬[提花]가 있다. 사와 주는 조직과 무늬가 다르기에, 말리고 서랑으로 염색한 후에도 완제품의 외관이 각기 다른 특색을 보인다.

서랑은 흔히 볼 수 있는 염료로서 비록 방부와 물을 잘 통하게 하는 효능이 있지만, 다른 식물이나 광물 염료와 특별히 큰 차이는 없다. 만일 서랑으로만 염색하면 옷감의 색은 적갈색이 된다. 서랑사주가 검은색

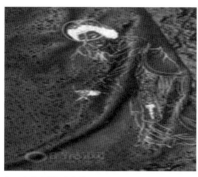

〈그림 3〉 향운사와 흑교주

인 것은 직물에 염색할 때 중요한 단계인 "과오(過烏)", 즉 하천의 진흙을 바르기 때문이다. 염색하는 직물에 하천의 진흙을 바르면 반들거리면서도 평평하고 매끄러운 검은색 층이 형성되는데, 이러한 층으로 처리한 것과 고무칠 처리 섬유와 유사하여 흑교(黑膠)라고 한다. 하천 진흙과 반응한 후 흑교주는 촘촘하고 고르며, 검은색이 수묵화처럼 우아하고 산뜻하면서도 깊고 그윽한 빛을 발한다.

"과오" 공정은 특이한 내력이 있다고 전한다. 향운사의 전신은 검붉은 색의 사주(紗綢)인데, 최초의 쇄랑(曬莨)에는 하천 진흙으로 과오하는 방법은 없었고, 단지 서랑즙을 이용하여 염료를 만들어 하얀 비단을 검붉은색으로 염색하고 햇볕에 말려 색깔을 입힌 후에 완제품으로 판매했다. 이러한 사주는 비단 옷감 종류 가운데 하나일 뿐 특별한 특징은 없었으며, 실제로는 미운 오리 새끼처럼 취급되어 판로는 그다지 넓지 않았다.

순더현은 '사주지향(絲綢之鄉)' 즉 비단의 고향으로 지칭되는데, 당시 비단업종에 뛰어든 대부분 사람들은 약간의 자산을 가지고 있었다. 비록 사장들은 자기 부를 드러내지 않았지만 쇄랑 수공업장 한 곳이 무뢰배들

〈그림 4〉 염색

〈그림 5〉 쇄랑(曬莨) : 햇빛에 서랑 말리기

의 눈에 걸려들어 이들로부터 협박 편지를 받았다. 수공업장 주인은 어쩔수 없이 잠시 몸을 피하였고 아울러 쇄랑을 마쳤지만 팔지 않은 사주 일부를 개울 바닥의 진흙 속에 파묻어 숨겼다. 이후에 주인이 사주를 파냈는데 진흙에 접촉한 사주가 뜻밖에도 모두 짙은 검은색으로 변해 있었으며, 여러 차례 씻어도 색이 빠지지 않았다. 주인은 고심 끝에 명인을 불러와 논의하였고, 모두 진흙 때문이라고 분석했다. 그리하여 사주를 느슨하게 풀어서 다시 개울에 묻었다가 얼마 후 꺼냈는데, 시간이 지나 꺼내보니 과연 모두 짙은 검은색으로 변했다는 것이다. 이렇게 해서 사주 변색의 비밀이 밝혀졌다.

당시 손실을 줄이려고 주인은 이 검은색 비단 더미를 싼값에 처리하려고 했으나, 오히려 의복 상인들이 보물을 얻은 듯한 반응을 보였고, "흑교주"라는 고급 제품으로 새로이 출시했다. 이 새로운 옷감은 색깔이 검은색으로 변했을 뿐 아니라 더 중요한 것은 옷감이 구김이 가지 않고 부드러우면서도 광택이 흘렀다. 또한 땀을 흡수한 후에도 몸에 달라붙지 않았으며, 빨기 쉽고 건조도 빨라 그야말로 혁명적인 변화였다. 옷감의 질적 향상으로 한동안 시장에서 큰 인기를 끌었다. 다른 쇄랑 수공업장에서도 소식을 듣고 연이어 모방했으며 또 끊임없이 모색하고 시험하고 개량하여 마침내 하천 진흙으로 과오하는 방법을 고안해냈다. 점차 중국과 해외에서 유명한 향운사로 발전했으며, 미운 오리 새끼가 마침내 백조로 변해 가격이 황금 수준으로 뛰어올랐다.

　그런데 또 다른 설이 더욱 널리 퍼져 있다. 주강 삼각주 지역에 거주하는 어민은 서랑을 이용하여 어망을 물에 담가 그물이 질기고 튼튼해지게 했다. 어민들이 그물을 물에 담글 때 그들의 의복에도 서랑즙을 염색하였다. 시간이 지나 어민들의 옷과 일하는 환경에서 하천 진흙이 변화를 일으켜, 서랑즙에 담근 어민의 옷이 어망처럼 질겨지게 된다는 것을 깨달았다. 하천 진흙이 옷에 묻으면 옷은 검은색 광택이 나고 또 입을수록 부드러우면서도 튼튼해진다는 것도 알았다. 따라서 어민은 어망을 담글 때 평상복도 담그기 시작했다. 주강 삼각주 지역은 당시 도처에 상기어당(桑基魚塘)이 있었으며, 이곳에서는 남자는 밭을 갈고 여자는 직물을 짜는 생활을 하며 지냈다. 비단은 오래 사용하면 쉽게 노랗게 되고, 구김이 가기 쉬우며 질기지 않았다. 따라서 비단을 생산하는 농민들은 점차 어민이 직물을 담그는 방법을 비단 옷감을 담그는 데 사용했는데, 이것이 바로 낭사주(莨紗綢) 날염의 전신이다.

　"두 필의 포가 똑같을 수 없다." 흑교주의 제작 공예 방법은 그것이 가진 독특한 신분을 결정한다. 서랑에서 천연염료를 짜내는 것에서부터 반복적으로 담그고, 햇볕에 말리고, 직물을 삶고, 진흙을 칠하고, 물로 씻는 것까지 모든 과정이 마치 원시 예술을 창작하는 의식과도 같았다. 천연 가공 기법으로 포 한

〈그림 6〉 향운사 셔츠(香雲紗衫)

필마다 심지어 포의 단(段) 하나하나마다 색깔은 완전히 일치하지 않았으며, 적은 양만으로 재단할 수 있었다. 따라서 흑교주로 만든 의복은 한 벌 한 벌 모두 둘도 없는 것이라고 할 수 있다. 계절의 제약으로 인해 여름과 가을 두 계절에 햇볕을 쐬어 말린 포목이 유달리 진귀하였다. 흑교주에 사용된 원료와 기술이 주강 삼각주 지역에 있으므로 그곳에서만 생산될 수 있었다. 그중에서도 포산의 흑교주가 가장 유명했다. 중화인민공화국 수립 전후 흑교주는 거의 자취를 감추었으며, 만들 줄 아는 후손도 끊겼다. 오늘날 비단과 의복시장에서 흑교주는 그 신비롭고 고풍스러우면서 아름다운 모습을 다시 한번 드러냈으며, 시장의 인기와 상상력을 불러일으켰다.

고대에는 남자가 사(紗)를 입고 여자가 주(綢)를 입는 풍습이 있었는데, 향운사는 특히 더욱 남자 고유의 옷감이었다. 향운사는 오래전 중국에서 수공으로 만든 식물 염색 옷감으로 이미 천여 년이 넘는 역사가 있다. 향운사의 제작 공예는 독특하고 수량이 적으며, 제작 기간이 길고 요구하는 기술이 정밀하여, 입으면 매끈매끈 편하고 시원하였다. 또한 균을 없애고, 벌레를 쫓아내며 피부를 건강하게 하는 특징이 있어 과거에는 그것을 '부드러운 황금(軟黃金)'이라 불렀으며, 오직 부유하거나 존귀한 출신들만이 누릴 수 있었다. 향운사의 원래 명칭은 "향운사(響雲紗)"였는데 처음에 이 옷감으로 만든 옷을 입고 걸을 때 "사박사박(沙沙)"하는 소리[響]가 나서 붙인 이름이었고 이후에 음을 맞추어 "향운사(香雲沙)"로 바뀌었다. 도광 연간 난하이에서는 랑주(莨綢) 즉 향운사를 직조하기 시작했으며, 선통 연간에 이르러 이미 멀리 구미, 인도, 남양 등 지역에 팔려나갔다. 랑주사(莨綢紗) 즉 향운사가 세상에 등장하자마자 곧 순더와 광저우 등 지역에 전파되었으며, 주강 삼각주 모든 지역에서 낭사(莨紗) 생산이 크게 번영하는 모습을 보였다. 낭사를 말리는 장소인 쇄장(曬場)만 해도 수백 개가 있었으며, 당시 광둥 낭사 시장의 80% 이상을 차지했다. 그중에서 시차오와 민러 (民樂) 일대가 가장 번성했다. 『남해현지(南海縣志)』에는 당시 난하이 견직 업의 중심은 바로 시차오였다고 한다. 향운사는 재질이 독특하고 주름이 잘 가지 않으며, 입었을 때 시원하고 세탁이 편리하여 1940, 50년대 영남 에서 유행한 일종의 독특한 여름옷감이었다.

7장

남양 사회

많은 수출 과정을 통해 광둥 비단은 주강 삼각주에서 세계 각지로 퍼져나갔다. 동시에 무한한 문화적 매력으로 광둥 비단은 각 사회에 한층 녹아들어갔다. 그중 화교 공동체로 가득하고 중국 본토와 밀접하게 소통해온 남양(南洋) 지역은 먼저 주목할 필요가 있다.

남양 일대에는 좋은 비단 무역과 문화 융합의 토대가 마련되어 있다. 이곳에는 화인(華人)이 발달시킨 무역 네트워크가 있는데, 각지 사회와 화인 및 비단 사이에는 상당한 친화력이 있다.

1절 동남아 무역 네트워크에서의 화인

중국 상인은 매우 일찍부터 동남아 일대에서 활동했다. 대략 진한(秦漢) 시기 광저우가 "과포지주(果布之湊, 물품이 모이는 곳)"가 되었을 때부터 이미 광둥 상인이 남양으로 가서 무역하였다. 그 후 해상교통이 확장되고 성숙해지면서 남양에 진출하는 중국 상인이 더욱 많아졌다. 당대(唐代) 시인 왕건(王建, 765~830)이 지은 '남중(南中)'이라는 시에서 "[영남 일대는] 오직 진주를 구매하는 객상(客商)만 있어, [위험을 두려워하지 않고 진주를 구매하러] 해마다 남해(南海)로 들어간다"라고 언급했다. 당시 중원 지역 사람들이 보기에 오령(五嶺) 이남은 '낙후하고 미개한 땅(荒蠻之地)'이었지만 이윤을 추구하는 상인은 위험과 고생을 마다하지 않았으며, 해마다 남양으로 가서 물품을 거래했다. 송대는 중국 상업이 크게 발전했던 시대였으며, 통치자는 민간이 해외로 나가 무역하도록 장려했다. 이렇게 하여 더 많은 중국 상인이 동남아 지역으로 몰려들었고, 바로 이때부터 중국 상인은 동남아에 익숙해지기 시작했다.

그 후 화인은 동남아에서 끊임없이 사업을 운영하였다. 명대 중엽 이후 남양에서 중국인의 무역 네트워크는 성숙해져 갔으며, 17, 8세기에 이르러 확장과 발전을 거치면서 절정에 이르렀다. 그리하여 방대하며 세밀하고 안정된 교역 네트워크가 형성되었다. 이 경제 무역 네트워크는 유럽인의 극동 경제 무역 네트워크와 교차하여 서로 이용하고 보충하였으며,

서양인이 주도하는 세계 경제무역 네트워크의 일부분을 구성하였다. 그러나 유럽의 식민주의자들은 일찍이 동남아 무역에서 중국인의 도움에 의지할 수밖에 없었다.

이 시기 해상은 전통적 상방(商幫)으로 인해 비교적 큰 발전을 이루었다. 광둥성 상방 가운데 "광부방(廣府幫)"과 "조산방(潮汕幫)"이 당시 유명했다. 광부방은 순더, 판위(番禺), 난하이, 신후이(新會)에서 등장했는데 광저우 방언을 쓰는 상인 집단이다. 조산방은 광둥 남부 차오저우(潮州), 산터우(汕頭), 청하이(澄海), 차오양(潮陽), 지에시(揭西), 지에양(揭陽) 등 10개 현(縣)에서 출범했는데, 차오저우 방언을 사용하는 상인 집단을 의미한다. 이 두 상방은 중국 내지의 각 대도시에 회관 분점을 두었을 뿐만 아니라 태국과 싱가포르 등 동남아 지역에도 역시 분점이 있어, 전체적으로 네트워크를 이루고 있었다.

19세기 조주방(潮州幫)은 홍콩을 무역 중계지로 삼았으며, "남북행(南北行)" 무역 형태와 같이 산터우, 홍콩, 태국 방콕과 싱가포르 사이에 무역 네트워크를 구성했다. 남북행이란 중국 대륙과 동남아 지역 사이의 "남북통상무역(南北通商貿易)"에 종사하는 사람을 말한다. 이러한 남북행의 활동은 상방의 강력한 지원을 받아 전개되었다. 1868년 조주방을 필두로 하여 영파방(寧波幫), 광동방(廣東幫), 복건방(福建幫)의 남북행 업자가 홍콩에 "남북행공소(南北行公所)"를 공동으로 창립했다.

전통적인 해외 화상 네트워크가 금융 방면에서 가장 주요하게 발휘하는 기능은 금융 신용 대출과 사회적 관계를 통해 자금을 모집하는 것이었다. 동남아의 말레이시아에서는 일찍이 1903년 최초의 화인 은행인 "광익은행(廣益銀行)"이 설립되었다. 이후 은행이 하나하나 설립되면서 매우 활발하게 활동하였는데, 예를 들어 화교은행(華僑銀行), 사해은행(四海銀

行), 이화은행(利華銀行) 등은 모두 광동 상인이 설립한 것이다. 이외에 전장(錢莊, 상업 금융기관), 은장(銀莊, 해외 송금, 예금 및 대출 등 업무), 당포(當鋪, 전당포), 비신국(批信局, 사설 우체국) 등을 포함한 민간 금융기관을 설립하였다. 이러한 금융기관은 화상(華商)의 해외무역을 매우 편리하게 하였다.

화상 경영의 장점은 그들이 시장 정보를 중시하고, 각기 다른 소비자들의 수요를 구별하는 데 주의를 기울이며, 아울러 견본 물품을 제공하는 방식으로 시장의 상황을 영리하게 확인하는 데 있었다. 또한 기선을 점령하는 데 능하여 다른 나라 상인이 아직 손대지 않은 상품을 취급하고 재빠르게 결정하였다. 이러한 시장에 대한 감각에 의지하여 화상은 주동적으로 상업적 기회를 파악하였다. 이후 동남아에 거주하는 화인이 점점 많아지면서 이들은 잠재력이 큰 소비시장을 형성해갔다. 일부 화상은 시기적절하게 반응하여 중국 본토인들의 취향과 수요에 맞는 상품을 전문적으로 판매하기 시작했다.

유럽 식민주의자와 달리 명대 화상은 정식 경영 조직이 존재하지 않았지만, "화물이 선적되어 운송될 때마다 중국 상점은 이내 몹시 바빠졌다". 왜냐하면 명대 화상의 무역 방식은 매우 유연했으며, 그들이 직접 무역을 할 뿐 아니라 중개무역도 진행했다. 또한 국제적 의미를 지닌 해로 운송을 경영할 수 있었으며, 역내 무역(regional trade, 區域性商貿) 네트워크 역시 구축할 수 있었다. 그들이 채택한 교역 수단은 물물교환도 있고 화폐교환도 있었으며, 이 두 가지를 겸하기도 했다. 그들이 채택한 방식은 유연하게 변화했으며, 화상 경영의 다원적 발전에 더욱 유리하였다.

해외 화상은 각 방면에서 좋은 인맥을 쌓는 것을 매우 중시하였다. 유럽 식민주의자의 명확한 목표는 독점이었으며, 폭력으로 거액의 이윤을 얻었다. 그들은 근본적으로 식민지 사람들과 소통하는 것을 하찮게 여겼으며, 그들과 좋은 관계를 맺는다는 것은 말할 필요도 없다. 오직 화상만이 부지런히 사업에 매진할 뿐 아니라 현지인과 밀접한 관계를 유지하였다. 또한 그들의 언어를 말하고 그들과 함께 생활하며, 그들의 수요를 잘 알았다. 그들에게 편의를 제공했으며, 평등하게 상호이익을 도모하여 신용이 매우 높았다. 사업 범위가 점차 넓어지면서 화상은 고생을 마다하지 않고 산을 넘고 물을 건너 산간벽지 깊숙이 들어가 집마다 상품을 판매했다. (현지인은 대부분 화폐가 없었으므로 현지인에게 외상을 주었다.) 그리고 각 지역의 특산품을 수매하여 물자 교류의 연결고리를 담당했으며, 도시와 농촌, 섬 사이에 유무상통(있는 것과 없는 것을 서로 융통)하게 하고, 상품이 원활하게 유통되도록 하여 밀집된 상업 판매 네트워크와 신용 대출 시스템을 그들이 체류하는 국가의 각 지역으로 확장하였다.

총괄하면 명대 동남아 화상은 자신의 탁월한 상업적 두뇌와 경영 능력에 힘입어 동남아에 매우 견고하며 유연하고 효율적인 무역 네트워크를 창설하여 중국 물품이 남양에서 원활하게 유통될 수 있도록 기반을 닦았다. 바로 이러한 상황에서 광둥 비단은 대량으로 남양 사회에 들어갔으며, 현지에 매우 중요한 영향을 미쳤다.

2절 동남아 무역에서의 비단

서한 무제(武帝) 시기 황문(黃門)이 견직물을 가지고 바다로 가서 무역이 시작된 이래, 비단은 남양 지역에서 매우 유행하는 대규모 중국 상품이 되었다. 위진남북조에서 수당 시기의 무역은 이미 반복할 필요가 없다. 조여괄(趙汝适, 1170~1231)의 『제번지(諸蕃志)』에 의하면 송대 중국 비단이 남양 각국에서 거래되는 상황은 명확하며, 적어도 아래 6개 지역에서 중국 비단 무역이 성행했다.

(1) 점성(占城, 현 베트남의 중부 일대에 위치한 참파족이 세운 국가) 비단 우산(絹傘) 등이 있다.

(2) 삼불제(三佛齊, 스리비자야, 인도네시아의 수마트라섬 동부에 있던 국가) 비단(錦), 능(綾, 무늬가 있는 얇은 비단), 힐견(纈絹) 등이 있다.

(3) 단마령(單馬令, 현 태국 남부 나콘시탐마랏 일대) 비단 우산, 힐견(纈絹) 등이 있다.

(4) 도파(闍婆, 현 인도네시아의 자바섬) 오색힐견(五色纈絹), 조릉(皂綾) 등이 있다.

(5) 발니(勃泥, 보르네오섬) 가금(假錦), 오색견(五色絹) 등이 있다.

(6) 삼서(三嶼, 현 필리핀군도로 추정) 조릉, 힐견이 있다.

원대에 이르러 중국 비단 무역의 범위는 더욱 넓어졌다. 항해가 왕대연(汪大淵, 1311~?)의 『도이지략(島夷誌略)』에 의하면, 적어도 아래 11개

국가 혹은 지역에서 각종 중국 비단 상품이 유행했다.

(1) 교지(交趾, 현 베트남 북부) 각양각색의 능라(綾羅), 필백(匹帛) 등이 있다.

(2) 점성(占城, 현 베트남의 중부 일대에 위치한 참파족이 세운 국가) 색견(色絹) 등이
있다.

(3) 진랍(眞臘, 현 캄보디아) 용단사포(龍緞絲布), 건녕금(建寧錦) 등이 있다.

(4) 팽갱(彭坑, 현 말레이시아의 파항 일대, 말레이반도 동안에 있던 나라) 각양각색
의 견(絹) 등이 있다.

(5) 정가려(丁家廬, 현 말레이시아 쿠알라트렝가누 일대) 소홍견(小紅絹) 등이 있다.

(6) 용아문(龍牙門, 현 싱가포르해협) 청단(靑緞, 검은비단) 등이 있다.

(7) 조와(爪哇, 현 인도네시아 자바섬) 청단, 색견 등이 있다.

(8) 발니(勃泥, 현 보르네오섬) 색단 등이 있다.

(9) 문탄(文誕, 현 인도네시아 반다제도) 수릉(水綾), 사포(絲布) 등이 있다.

(10) 삼불제 색견, 사포 등이 있다.

(11) 수문답랍(須文答臘, 현 인도네시아 수마트라섬) 오색단(五色緞), 사포(絲布) 등이 있다.

(12) 마일(麻逸, 현 필리핀군도) 색견 등이 있다.

　　명 후기 화인 무역 네트워크가 더욱 성숙해지면서 동남아 무역에서
교역되는 중국 비단의 수량은 더욱 많아졌으며, 품종도 더 많아지고 범위
도 더욱 넓어졌다. 품종만 놓고 보았을 때 통계에 의하면 1570~1760년 사
이 중국에서 스페인령 필리핀으로 수출하는 방직품은 적어도 25종이었으
며, 세사(細絲, 생사 4~10올을 가지런히 하여 꼬지 않고 정련한 보드라운
실), 조사(粗絲, 굵은 명주실), 면사(面紗), 금단(錦緞, 무늬 비단), 백주(白
綢), 채주(彩綢, 무늬 있는 비단), 인화견(印花絹), 선견(線絹), 자수품(刺繡),

벨벳(velvet, 天鵝絨), 비단버선[絲襪], 무늬 있는 비단으로 만든 양산[花綢陽傘], 사마(絲麻) 혼방제품, 여러 가지 색의 면포(棉布), 모시[夏布], 두건(頭巾), 장포(長袍, 중국식 두루마기), 부인용 숄[披肩], 면 홑이불[棉被單], 방석(坐墊), 린넨[亞麻布], 옷감[衣料], 면 카펫[棉毛毯], 카펫[地毯] 등을 포함한다. 그중 잠사와 주단이 대부분을 차지한다.

　　17, 8세기 이후 구미 상인 역시 세계 각지에서 이루어지는 중국 비단 무역에 참여했다. 동방 해역에서 포르투갈인은 가장 먼저 마카오라는 무역 거점을 세웠으며, 광둥 비단을 동남아 각국에 판매했다. 스페인 사람들은 비단을 중국 남해안에서 필리핀제도 마닐라(Manila)로 운송하거나 혹은 이곳을 거쳐 다시 라틴아메리카 등 지역으로 운송하는 데 주력했다. 영국 동인도회사는 광둥 비단을 먼저 인도 식민지로 운송했다가 유럽 시장으로 운송해 판매했다. 네덜란드인 역시 비단을 중국 남해안에서 동남아 각국으로 운반해서 팔거나 혹은 일본으로 가서 은과 교환하였다. 공행무역(公行貿易)이 끝난 후 수많은 중국 상인이 흩어져 동남아에서의 무역을 회복하려 애썼고, 대부분 현지 화교 친척 등 인맥을 이용하여 해외에서 직접 분점을 열었다. 가장 유명한 뭄바이장(孟買莊)은 바로 성공적인 사례라 할 수 있다.

3절 동남아 사회생활 속에서 비단의 익숙한 그림자와 그 문화적 영향

비단의 정교한 품질 상태와 화려한 기품은 오랫동안 남양 각지 민족을 매료시켰다. 나아가 각 민족의 사회생활 속에 녹아들어 각 민족 사회문화의 구성 요소가 되었으며, 이후 문화 발전에 오랜 영향을 미쳤다. 우리는 아래 몇 가지 측면에서 문제를 설명할 수 있다.

1. 각국 토착 민족 복식 중 비단의 자취

삼국 시기 중국 비단은 남양 지역 토착 민족의상에 등장했다. 예를 들어 손권이 재위하던 시기 남양에 사신으로 간 강태(康泰)와 주응(朱應)은 부남국(扶南國)에서 현지 백성이 여전히 나체로 지내는 풍속을 목격하고는 보기에 좋지 않아 개혁을 건의했다. 부남 국왕은 그 건의를 받아들여 전국의 남자는 "횡폭(橫幅)을 착용하는데, 지금의 간만(幹縵)이다. 모두 비단을 잘라 만들고, 가난한 사람은 포를 사용"하라고 명령하였다. 소위 "간만"이라는 것은 즉 사롱(紗籠. sarung)인데, 동남아 민족의 대표적인 복식이며, 이후 중국 비단으로 많이 제작되었다.

훗날 문헌 기록에서 시암인들 사이에 "허리에 견사를 박은 수건을 두르고 더하여 금기(錦綺, 비단)로 묶는" 옷차림이 유행했으며, 필리핀에

서는 옷차림에 중국 비단과 면포를 혼방한 "중국 셔츠(中國衫)"가 유행했
다는 사실을 알 수 있다.

　　말레이시아의 일상생활에서 사람들의 전통적인 복장으로, 상의는 깃
이 없고 길고 헐렁한 긴소매 셔츠를 입는데, 속칭 "바루(巴汝, baru)"라고
한다. 하의는 길이가 복사뼈까지 오는 "사롱"을 입는다. 어떤 사람은 긴 바
지를 입고 허리에 짧은 사롱을 두른다. 말레이 여자의 일상적인 전통 복식
은 역시 긴소매의 셔츠[長袖衫]에 사롱을 두르고 사건(紗巾, 비단으로 만든
두건)으로 머리를 묶는데, 사건이 어깨 혹은 가슴 앞까지 내려오게 한다.
일부 공식 행사나 중요한 축제 때 말레이 남자는 "바틱(巴迪, batik)"이라
불리는 전통 복식을 입는데, 어떤 것은 비단으로 만들어 넓고 시원한 특징
이 있다.

　　이곳에서는 캔디(Kandy) 수령의 비단 관복에 관해 중점적으로 이야
기하고자 한다. 캔디는 인도양의 섬나라이자 "인도양의 명주(明珠)"로 불
리는 스리랑카 남부 중앙에 위치해 있다. 해상 실크로드 무역은 이 지역을
중국과 긴밀하게 연결했으며, 중국 문헌에 기록된 "사자국(師(獅)子國)",
"승가자(僧加剌)", "릉가(楞加)", "란잡(蘭卡)", "석란(錫蘭)" 등 50여 개 지
명은 모두 고대 스리랑카를 지칭한다. 스리랑카는 해상 실크로드의 요충
지에 있으며, 중국이 아프리카와 아랍 등으로 가는 데 반드시 거쳐야 하는
지역이다. 로마인, 페르시아인, 중국인 등은 자기 나라 화물을 직접 다른
국가로 가져가 파는 것이 아니라, 스리랑카로 가져와 서로 교환하였다. 이
에 따라 스리랑카는 국제무역 중심지이자 화물 집산지가 되었다.

　　14세기 흥기한 캔디 민족은 중국과 서양의 많은 문명적 요소를 융합
하여, 복장은 확실히 중국 문화의 영향을 받았다.

〈그림 1〉 캔디 수령의 아름다운 관복   〈그림 2〉 시킴 최후 황족의 외빈 접견

〈그림 1〉에서 볼 수 있듯 영준한 캔디의 수령은 비단 관복을 입고 있는데 색채가 화려한 무늬가 있는 비단(錦緞)과 벨벳으로 만든 의복은 황실의 장엄함을 느끼게 한다. 그들은 60~150마(碼, 면사의 굵기를 세는 단위 혹은 야드)의 명주 끈 혹은 당목[細棉布]을 이용해 허리를 묶고 몸에 붙는 흰색 바지에 금색으로 자수를 놓은 허리띠를 매고 있는데 끝에는 주름이 예쁘게 잡혀 있다. 그들의 모자는 진주와 보석으로 장식되어 있고, 넓은 챙에 금으로 장식되어 있다.

히말라야 동단 깊은 곳에 위치한 시킴(Sikkim) 국가 역시 마찬가지이다. 언급할 만한 것은 이들의 복장이 받은 비단의 영향이 지금까지 이르고 있다는 것이다.

〈그림 2〉를 보면, 시킴 황족이 착용한 비단 윗도리와 깃이 달린 관모(官帽)는 청 황족과 꽤 비슷하지 않은가?

2. 비단의 각 지역 광범위한 장식 역할

비단은 화려하고 정교한 특징으로 인해 동남아시아 민족들의 생활에서는 장식으로서의 기능이 더욱 넓다.

예를 들어 미얀마 북부에 있었던 바간 왕조(Bagan Dynasty, 849~1297)는 머리 장식품이 특색 있다. 관민 모두 이마에 머리를 모아 상투를 틀고 색깔 있는 비단으로 그것을 묶는다. 이후에 이러한 비단 머리 장식은 두건으로 발전했다. 지금도 미얀마 남자들은 여전히 비단으로 만든 "가웅바웅(gaung baung)"이라는 모자를 즐겨 착용하며 이들 민족 복식의 큰 특징을 이루고 있다.

보르네오(Borneo)는 주로 비단으로 허리를 감는데, "부유한 집안의 여자는 모두 화금(花錦, 꽃 비단), 초(綃, 생사로 짠 명주실), 금색 비단(金色帛)으로 허리를 감고" 있으며 이러한 장식은 독특한 품격을 지니고 있다. 또한 일종의 점잖고 귀티 있는 풍채를 돋보이게 할 수 있어서 인도양의 캔디인들처럼 비단 자수로 허리를 장식하는 것을 좋아한다.

또한 동남아의 기후는 매우 더워 우산과 부채는 필수품이다. 중국 비단으로 만든 비단 우산과 비단 부채는 정교하고 아름다워 현지인의 기호품이 되었다. 따라서 말레이시아 여자들은 밖에 나갈 때 비단 우산과 비단 부채를 가지고 나갔으며 신분이 높은 여성들은 5~6개까지 휴대하였다.

또 여러 국가에서 위로는 궁중 깃발, 장막, 일산부터 아래로는 승려의 가사(袈裟)와 신부 사제복에 이르기까지 모두 비단을 빼놓을 수 없다. 종이를 대신하여 비단에 경문을 베껴 쓰기도 했으며 명주실로는 서적을 제본할 수 있었다. 또한 종교용품으로는 견직 미륵불상이나 수를 놓은[緙絲]『금강경(金剛經)』등이 있다. 더욱 흥미로운 것은 시킴(Sikkim)의 라마(Tib. bla ma)가 사용하는 많은 생활용품 가운데 비단과 자수품의 흔적이 의외로 적지 않다는 것이다.

다음 〈그림 3〉에서 라마가 불고 있는 법라(法螺, 티베트 불교에서 사

〈그림 3〉 시킴 종교 기념일에서 라마가 연주하는 악기에 비단 자 〈그림 4〉 종교의식을 거행하는 시수를 놓은 장식 킴의 라마

용하는 관악기) 손잡이 부분에 용무늬로 보이는 디자인으로 자수를 놓은 비단으로 포장하였다. 그러나 또한 펼쳐져 있는 장방형의 판자 모양을 하고 있는데, 자못 사치를 자랑하는 듯한 풍격을 갖추고 있다.

〈그림 4〉에서 라마 존자가 들고 있는 황라대산(黃羅大傘)은 중국 제제(帝制) 예법의 영향을 받았다.

3. 비단이 각국 예속(禮俗)과 문명에 미친 영향

삼국시대 오(吳)는 강태(康泰)와 주응(朱應)의 영향으로 부남국(扶南國)에서 나체로 다니는 옛 풍습을 버리고 비단 사롱으로 옷차림을 바꾸는 것을 도왔다. 이곳에서 비단은 그 나라 국민의 옷 입는 문제를 해결했을 뿐 아니라 풍속을 고치고 문명으로 나아가며 사회 발전을 촉진하는 역할을 하였다.

화인의 영향으로 인도네시아와 말레이시아 등 지역에서는 관혼상제 예속에서 비단을 이용하는 것이 유행했다. 두 집안의 혼사가 성사된

후 신랑 측은 반드시 일정량의 주단(綢緞)을 신부 측 집안에 예물로 주어야 하는데, 그렇지 않으면 혼례 일정을 잡기 어렵다. 사실 이러한 국가들은 중국과의 왕래가 잦았으며 사절과 귀족들은 자주 중국에 오가면서 직접 중국의 풍속과 그 영향을 받아들였다. 예를 들어 북송 황제 신종(神宗, 1048~1085, 재위 1067~1085)은 재위 당시 스리비자야(Srivijaya) 사절인 지화가라(地華伽羅, Deva Kulo)가 중국에서 병사하자 얇은 비단(絹) 50필을 하사했다. 비단은 모두 장례에 사용했다. 이렇게 남양 각국의 예제 관련 행사에서 비단을 사용한 것은 놀라운 일이 아니다.

4. 잠상 견직 기술의 각지로의 전파

진한 시기 이래 중국의 양잠 견직 기술은 중국 남부 연해 지역에서 동남아로 전파되었으며, 남양의 많은 국가에 뿌리내렸다.

예를 들어 인도네시아의 경우 일찍부터 중국 양잠 견직 기술의 영향을 받았다. 에르네스트 도웨스 데커(Ernest Douwes Dekker, 1879~1950)는 『인도네시아역사강요(印度尼西亞歷史綱要)』에서 14세기 화교들이 이미 양잠 견직 기술을 인도네시아 사람들에게 전파했다고 지적했다. 아울러 "분명히 우리의 조상은 중국으로부터 잠사를 이용하여 비단 짜는 것을 배웠으며, 얼마 후 우리도 스스로 비단 짜는 것을 배우게 되었다"라고 언급했다. 네덜란드 학자 슈리케(Bertram Johannes Otto Schrieke, 1890~1945)는 견직 기술은 먼저 인도네시아 발리, 팔렘방(Palembang), 람풍(Lampung) 칼리만탄(Kalimantan) 등 지역에 전파되었으며, 이어서 자바(Java), 마두라(Madura), 아체(Acheh) 등에 전파되었다. 16세기 말 아체는 직접 만든 비단을 수출할 수 있었다.

　　말레이시아는 잠사와 현지 방직 기술을 결합해 더욱 개선했다. 처음 비단은 중국 상인이 들여온 것이었으나 말레이시아 사람들이 이를 개선하여 잠사를 이용해 정교한 직물을 짜냈으며, 13세기에 이르면 기술이 능숙해졌다. 처음 잠사는 직접적으로 짜는 기술을 사용했으며, 채색된 날실과 씨실의 사선(紗線)을 교착시켜 짜서 도안을 만들었다. 일반적으로 말레이시아 사람들은 밤색, 남색, 자색, 짙은 녹색, 갈색 실을 이용하여 작은 네모 도안을 짜내는데, 이러한 색과 무늬는 남성이 입으면 어울린다.

　　일부 지역에서 견직 기술을 배우는 것은 효과가 있었으며, 직조의 수준이 크게 향상했다. 심지어 중국 비단과 비교해도 손색이 없는 상품을 만들어냈다. 시암이나 루손(Luzón) 등에서는 "누에를 치지 않으며 오직 중국의 잠사(絲)를 주어 그곳에 이르면, 아름다운 단자(緞子, 광택이 많고 두꺼운, 무늬 있는 수자(繻子) 조직의 견직물)을 짤 수 있으니, 그것을 입으면 화려하고 아름답다고 여겼다". 근대에 이르러 미얀마에서는 유명한 견직업 중심인 아마라푸라(Amarapura, 현 만달레이 서남 지역)가 흥기했으며, 그곳에서 생산한 가장 유명한 "룬타야(luntaya)"는 바로 중국 견직 기술을 전문적으로 배워서 창조한 제품이다. 베트남에서는 후에(Thành Phố Huế, 順化)에서 견직물이 유행하였다. 『황월지여지(Hoàng Việt đja dư chí, 皇越地興誌)』에는 "읍 열집마다 직공이 15명이며, 북객(北客, 중국에서 온 화교)으로부터 방직을 배웠다. 대대로 전해져 내려오는 고화(古花), 채단(彩緞, 색무늬 비단), 금수(錦綉, 비단에 놓은 수) 등 여러 무늬는 모두 정교하고 아름답다"라고 전한다. 광남부(廣南府)의 경우 역도원(酈道元)의 『수경주(水經注)』 권1 「부남전(扶南傳)」에는 그 방직은 "사람이 한 것으로 정교하며 직조한 견포(絹布)와 능라(綾羅)는 화려한 색상에 정교하고 아름다워 광둥의 것보다 못하지 않다"라고 기록되어 있다.

8장

구미권의
비단

그렇다면, 완전히 다른 문화 세계인 멀리 구미 각국에서 중국 비단의 상황은 또한 어떠했는가? 중국 비단의 유럽 전파는 그 지역이 광대하고 루트도 매우 많았던 것으로 보이며, 오랜 역사 역시 사람의 이목을 끈다. 먼저 초기 유럽에 전파된 비단 이야기부터 해보자.

1절 초기 유럽 비단 이야기

　비단은 중국이 서방세계에 준 가장 이르고 가장 잊기 어려운 인상이었고. 중국인은 한동안 그리스인들에 의해, 비단을 만들어내는 '세레스(seres)인'이라고 불렸다('세레스'는 중국인에 대한 서방 문헌의 가장 이른 호칭이며 비단국이라는 뜻이다). 사실 그리스인이 실제 접촉한 것은 초원로에서 비단을 운송한 스키타이(Scythia)인이었고, 그 때문에 그리스 고문헌은 '세레스인'에 관해 "푸른 눈동자에 붉은 머리카락, 하얀 피부를 가졌다"라고 묘사했다.

　그리스인들은 비단을 점점 더 좋아하게 되었고 우리는 다수의 조각과 도기 위에 그려진 사람 모습에서 그들이 입은 의복이 얇고 투명하며 아름다워 사람을 감동시키는 것을 발견할 수 있다. 이러한 조상에는 파르테논(Parthenon) 신전의 "운명의 여신", 에레크테이온(Erechtheion)의 카리아티드(Caryatid)상 등이 있는데 이는 기원전 5세기 조각가의 걸작으로, 모두 몸에 투명한 긴 옷을 입고 있으며 옷의 주름이 우아하고 옷감이 부드러운데, 당시 직물 중 오직 비단 옷감만이 이런 모습에 이를 수 있었다. 그 외에 아크로폴리스(Acropolis)의 코레(Core) 여신 대리석 상은 흉부에 얇은 비단을 걸치고 있으며, 기원전 530~기원전 510년 작품이다. 기원전 5세기 아테네(Athene)가 대량 생산한 붉은 무늬 도기 단지에도 역시 매우 얇은 옷감이 있고, 기원전 4세기 중엽의 도기 항아리에 새겨진 디오니

소스(Dionysos)와 폼페(Pompe) 여신은 더욱 분명한 예다. 특히 크름반도 (Crimea Peninsula)의 쿨 오바(Kul Oba)에서 출토된 기원전 3세기 그리스에 서 제작한 상아판 위의 그림 "폴리스의 재판"은 그리스 여신들이 입고 있 는 얇은 옷감을 완벽하게 표현했다. 투명한 비단 나사(羅紗)가 가슴과 배 꼽을 완전히 드러내 보이는 것이다.

그리스 비단의 역사를 회고하면, 당시 지중해의 산누에는 직물을 만 들 수 없었고 이러한 옷감은 오로지 중국만이 만들 수 있는 것이었다. 비 단의 유래에 관하여는 많은 사람이 "세레스인"이 양털 나무에서 양털을 채취하는 장면을 말한다. 동방의 땅에는 세레스인이 먼저 아침 햇살에서 깨어나 장모의 양털 나무에서 양털을 딴다. 그러므로 현존하는 서방 고전 문헌 중에서도 볼 수 있는 것은, 기원 전후 200년간 서방인들은 이미 "세 레스인의 직물"의 존재를 인식하고 있었으나 "비단(絲)"의 기원에 대하여 는 인식이 "양털나무"단계에 머물러 있었다는 점이다.

그 후 그리스에서 또 다른 한 설법이 생겨났다. 세레스 나라 안에 일 종의 작은 동물(그리스인은 그것을 "세르"라고 불렀다)이 있는데 그 작은 동물은 가장 큰 황금딱정벌레보다 두 배 더 크다는 것이었다. 그 동물의 다른 특징으로는 나무에 그물을 치는 거미와 비슷하고 거미처럼 여덟 개 의 발이 있다. 세레스인들은 겨울과 여름에 쓸 수 있는 작은 장을 만들어 그 동물들을 사육했고, 이 동물은 그들의 발을 감는 가는 실을 만들었다. 네 번째 해 이전에 세레스인들은 기장[黍]으로 바꾸어 그것들을 사육하고 다섯 번째 해부터 녹색 갈대로 바꾸어 사육한다. 이러한 동물이 먹을 것을 탐하다가 배가 부풀어 터지면 견사가 그 몸 안에서 발견된다는 것이다. 이 로써 옛날 그리스인들의 중국 비단에 대한 인식과 이해가 매우 부족했고 심지어 신화적인 요소도 많이 있었다는 점을 쉽게 알 수 있다.

기원전 5세기 로마는 지중해의 패자가 되었고 정치문화는 날로 번영했다. 야심만만한 로마제국은 신비한 동방으로 눈을 돌리기 시작했고, 기원전 53년 로마 군대와 파르티아(Parthia, 안식(安息))인 사이에 유명한 카레(Carrhae) 전투가 일어났다. 로마 군대의 최고 장군은 로마공화국 3인의 집정 중 한 명인 크라수스(Marcus Licinius Crassus, 기원전 115~기원전 53)였다. 그가 이끄는 7개 군단은 파르티아인들에 의해 겹겹이 포위되었고 파르티아인들은 요란한 북소리와 휘파람 소리와 함께 밀물처럼 로마군단을 향해 밀려왔으며, 로마 병사들은 손에 방패를 들고 완강히 방어하면서 오래 버텼다. 그날 정오, 바야흐로 그들이 피로하여 힘이 다했을 때 파르티아인들이 갑자기 눈부시게 빛나는 군기(軍旗)를 펼쳤는데 이 군기들은 다채로운 색깔이었고 햇빛이 비추자 사람의 눈을 부시게 하니 로마인들은 당황하였으며 파르티아인들은 그 틈을 타서 맹렬한 공격을 퍼부었다.

결과는 당연히 말할 필요가 없이 크라수스는 전사했고, 2만의 로마 병사의 피가 전장을 물들였으며 다른 1만의 병사는 사로잡혔다. 역사학자

〈그림 1〉 로마시대의 동서양 교역도

플로루스(Publius Annius Florus, 서기 2세기경)는 파르티아인의 이 군기가 로마인들이 본 최초의 비단일 것이라고 보았다. 그 후 비단은 로마제국과 파르티아간 의 전쟁과 파르티아 상인의 중개를 통해 로마 시장으로 진입하였고 '세레스 면포(紗布)'라고 불렸다. 서기 162년 로마제국이 페르시아만을 점령하기 이전까지는 파르티아가 계속해서 중서 비단 교역을 통제했다. 또한 로마제국 동부의 시리아(Syria) 상인은 중국 비단을 대량으로 구입하며 매점한 후 이 비단을 재가공하여 각지에 팔았다. 유대인들도 역시 파르티아인의 손에서 중국 생사를 구매하여 "방직과 염색을 거친 후 또한 지중해의 다른 도시들에 되팔았다".

　　크라수스의 패배는 또 다른 로마 집정관 카이사르(Gaius Julius Caesar, 기원전 100~기원전 44)의 독재 정치의 길을 열었는데 흥미로운 것은, 카이사르가 독재 후 몸에 광채 나는 눈부신 비단 의상을 입고 로마 대오페라극장에 와서 찬탄을 자아냈다는 것이다. 크라수스의 패배 상징물은 카이사르의 고귀한 신분의 표식이 되었다. 카이사르 대제 통치 시기와 로마제국 초기, 비단은 로마 시장에서의 판매량이 매우 제한적이고 가격은 비싸서 거의 황금과 같은 가격이었다. 서기 1세기에 들어선 이후 중국 비단에 대한 로마인의 수요는 나날이 높아져서, 로마성 내의 투스쿠스(Vicus Tuscus) 구역에 중국 비단 전문 시장이 개설되었고, 중국 비단이 로마 귀족들의 각광을 받았으니 로마 작가 베르길리우스(Publius Vergilius Maro, 기원전 70~기원전 19)는 찬양하며 말하기를 "중국인이 만든 진귀한 채색 비단은 그 아름다움이 들판에 만발한 꽃송이 같고 그 섬세함은 거미줄에 비길 만하다"라고 하였다. 서기 2세기, 중국 비단은 이미 로마제국의 최서단인 런던 지역에 나타났고 중국의 뤄양(洛陽) 못지않게 유행하였다. 4세기에 중국 비단은 로마 각지에서 이미 상당히 보편화되었고, 심지어 평민 백성들도 비단 의복을 입었다. 로마 역사학자 마리켈리누스(Ammianus Marcellinus, 330~391-400)는 "과거에는 우리나라에서 귀족만이 비단 옷을 입을 수 있었는데 지금은 각 계층의 백성이 모두 보편적으로 착용하고 있고 짐꾼과 하급 관리도 예외가 아니다"라고 말했다. 로마제국 관할 이집트의 카우와 유프라테스강 중류의 로마 국경도시 두라 에우로포(Dura-Europos)에서 모두 4세기경 중국 사(絲)로 만든 직물이 발견된 바 있다. 5세기 이후 로마 경내에서 출토된, 중국 사를 이용하여 시리아와 이집트에서 만든 견직물(絲織物)은 더욱 많다.

로마는 비단을 수입하려고 대량의 자금을 유출했다. 이 때문에 로마 박물학자 대(大) 플리니우스(Gaius Plinius Secundus (서기 23~79)와 철학자 세네카(Lucius Annaeus Seneca, 기원전 4~서기 65)는 모두 비단을 당시 국가 쇠퇴의 상징으로 여기고 그것을 폄하하고 멸시했다. 로마 원로원은 비단을 입는 것을 금지하는 법령을 여러 차례 내렸으나 효과는 매우 미미했다. 고증에 따르면 동로마제국 시기 상등 비단은 1파운드당 황금 12량의 가치가 있었다. 동로마제국은 비단을 대량 구입하려고 많은 황금을 유출했고 국가 재정에 큰 위기가 나타나기에 이르렀다. 어떤 사람은 로마가 매년 비단과 기타 아시아의 견직물을 사려고 [가격을] 지불했고 이로 인한 무역 수입 초과액이 5억 달러에 달했다고 보기도 한다. 로마의 화폐는 데칸고원과 남인도 각지에서 모두 대량 출토되었고 중국 산시에서도 서기 14~275년 사이의 로마 화폐가 발견되어서, 로마 화폐가 실로 대량으로 유출되었던 것을 알 수 있다.

이뿐 아니라 로마제국은 동방과의 무역이 잘 통하는 것을 유지하려고 대규모 군대를 기꺼이 투입하여 파르티아 및 북방 유목민족과 장기 정복전쟁을 벌였고 일찍이 기원전 1세기에 로마 정치가 키케로(Marcus

Tullius Cicero, 기원전 106~기원전 43)는 일찍이 이러한 사실을 강조하며 지적했다: 만약 로마의 화폐시장을 근본적으로 동요시키지 않으면 로마 동방은 전쟁이 일어날 수 없다. "그러나 각 민족 간 상호 의존 관계상, 중국 정부의 정책이 로마제국 수도의 금융 공황에 미친 영향을 고려하는 것 외에 더 좋은 해석은 없을 것이다." 어떤 사람은 분석 연구를 통해 다음과 같은 결론을 내렸다. 기원전 31년부터 서기 192년까지의 220년간, 로마가 동방 교역 중에 손실을 본 금은화폐는 그 가치가 1930년의 영국 파운드화 1억에 해당한다.

그러므로 근대 역사학자 중 어떤 이는 로마제국의 흥쇠가 실크로드가 뚫려 있는지와 큰 관계가 있다고 보았다. 로마제국의 멸망은 중국 비단을 탐내 금과 은을 유출한 데서 비롯됐다는 견해도 있다. 플리니우스는 일찍이 로마는 매년 로마 화폐로 3,500만에서 1억을 중국에 지불해야 했다고 말했고, 이 액수는 대략 제1차 세계대전 전 미화 200만에서 500만 달러에 해당하니, 플리니우스는 '이것은 극도로 사치스러운 부녀자들이 치른 대가'라고 한탄하였다. 그러나 남자도 역시 이용하는 사람이 있었으며 티베리우스(Tiberius Julius Caesar Augustus, 기원전 42~서기 37)가 일찍이 조칙을 내려 비단 이용을 제한한 것은 바로 [그것을 입는 것이] 너무나 여성스럽다고 여겼기 때문이었다.

플리니우스가 만든 사치품과 귀중품 표에는 비단 역시 포함되었다. 트라야누스(Nerva Trajanus Augustus, 98~117)는 모든 사치 비용을 금지했음에도 불구하고 비단 무역은 여전하다고 지적했다. 또한 시리아 여성이 로마에서 이 일을 하여 돈을 버는 경우도 있었다. 네로네로(Nero Claudius Caesar Augustus Germanicus, 37~68, 재위 54~68)는 포퐈이아(Poppaea Sabina, 30~65)를 학대하여 죽음에 이르게 하였으나 화장(火葬)할 때는 비단과 비단 의상을 아무렇지도 않게 사용했다. 웰스(Herbert George Wells, 1866~1946)도 『세계사 대계(The Outline of World History)』에서 말하기를, "로마 황제 안토니누스(Marcus Aurelius Antoninus, 121~180) 시대에는 명주가 먼 길을 돌아와야 로마에 닿을 수 있었고 그 가치가 황금보다 높았는데 로마가 멋대로 행동하여 재원이 동쪽으로 유출되었으며… 명주를 누가 짠 것인지도 묻지 않았다"라고 하였다. 이것은 실제로 훗날 로마제국의 경제가 고갈되는 원인 중 하나였다.

2절 모로코 무어인들의 화려한 비단 의상

762년 아바스 왕조(Abbasid dynasty, 750~1258)가 수도를 바그다드로 정한 뒤 해외 교통이 급성장하자 이들은 티그리스강을 통해 중국 남방의 주요 항구인 광저우와 교역하기 시작했다. 8세기 중엽에서 9세기 중엽까지의 이 100년간, 아바스 왕조의 국력은 전성기에 이르렀고 당시 동서방의 해상무역, 특히 아라비아반도에서 인도에 이르는 무역은 거의 아랍인의 수중에 있었다. 아랍의 상선이 매년 광저우와 인도양 사이를 누볐고 『구당서(舊唐書)』에는 "광저우는 땅이 남해에 닿아 있어 매해 곤륜(昆侖, 현재의 인도차이나 반도 남부 및 동남아시아 도서 일대)의 선박이 진귀한 재화를 가지고 중국과 교역한다"라고 하였다. 당시 광저우의 강에 운집한 외국 상선에는 "바라문(婆羅門, 현재의 인도), 페르시아[波斯], 곤륜 등의 선박이 있었는데 그 수를 알 수 없을 정도였다"라고 하며 "그중 사자국(獅子國, 스리랑카의 옛 이름)의 배가 가장 컸고 사다리로 수 장(丈)을 오르내렸으며 깊이는 6, 7장이고 길이는 20장으로, 600~700명을 실을 수 있었다" 이러한 아랍, 페르시아, 인도 등지에서 광저우로 무역하러 온 상선들은 일 년 내내 흐름이 끊이지 않았으며, 적지 않은 구법(求法) 고승들도 광저우에서 외국 상선을 같이 타고 인도로 가서 경전을 구해 왔다. 예를 들면 태원(太原)의 상민선사(常敏禪師)가 "남쪽으로 가는 배를 같이 타고 가

릉국(訶陵國)[30]으로 가서 그곳에서 배를 얻어 타고 라유국(羅諭國)[31]으로 가며, 다시 그 나라에서 중천축(中天竺)으로 간다"라고 하였다. 익주(益州) 의랑법사(義朗法師)는 "상선에 같이 끼어 타고 백장(百丈)[32]을 걸고 수많은 파도를 넘어 배는 부남(扶南)으로 가며 랑가수(郞迦戌)[33]에서 닻을 묶는다"라고 하였다. 정고율사(貞固律師)는 "상선에 끼어 함께 불서(佛逝)[34]로 갔고, 후에 의정(義淨)과 함께 광부(廣府, 현재의 광저우)로 돌아왔다."고 하였는데, 의정 역시 함형(咸亨) 2년(671) 공주(龔州) 사군(使君) 풍효전(馮孝銓)을 따라 광부로 와서 페르시아 선주와 남행할 것을 약속하였다.

또한 다른 사람도 아랍에서 직접 선박을 타고 광저우로 왔다. 예를 들면 천보(天寶) 10년(751) 안서절도사(安西節度使) 고선지(高仙芝, ?~755)의 서정(西征)을 따라갔던 두환(杜環, ?~?)은 탈라스(Talas) 전투에서 포로로 잡혀 아랍에서 12년을 거주했으며, 보응(寶應) 원년(762) 비로소 페르시아만에서 상선을 타고 광저우로 돌아왔으니 당시 아랍, 페르시아, 인도와 남해 각지에서 광저우 사이의 상선 왕래가 지극히 보편적이었음을 알 수 있다. 아랍 여행가 알 마스우디(Al-Mas'udi, 896?~956?)는 943년 전후 배를 타고 말레이 해역을 지나 곧장 중국 연해 지방으로 왔고 『황금 목초

---

30 (역자주) 가릉국(訶陵國) : 인도네시아 자바에 있었던 카라잔 칼링가(Karajan Kalingga) 왕국을 말한다.

31 (역자주) 라유국(羅諭國) : '말라유국(末羅諭國)'이라고도 한다. 인도네시아와 말레이시아에 있었던 멜라유(Melayu) 왕국을 말한다.

32 (역자주) 백장(百丈) : 대를 쪼갠 것을 꼬아서 밧줄로 만들고 마승(麻繩)으로 연결한 것으로서, 배를 끄는 데 쓰인다.

33 (역자주) 랑가수(郞迦戌) : '랑아수(郞牙脩)', '릉가수(棱枷修)' 등 다양한 명칭이 남아 있다. 말레이반도 중부에 있었던 랑카수카(Langkasuka) 왕국을 말한다. 현재 파타니(Patani) 부근에 있었다.

34 (역자주) 불서(佛逝) : '실리불서(室利弗逝)'라고도 한다. 인도네시아 수마트라와 자바에 있었던 스리비자야(Srivijaya) 왕국을 말한다.

지와 보석 광산(The Meadows of Gold and Mines of Gems)』에서 이렇게 묘
사했다. "광부(廣府, Khaniku)의 강은 광부에서 6일 거리 혹은 7일 거리 지
방에서 중국해로 흘러들어간다. 바스라(Basrah), 시라프(Siraf, 이란 남서부
연안 도시), 오만(Oman), 인도 각 도시, 자니즈(Zanij)³⁵의 섬들, 참파(Sinf)
및 기타 왕국에서 온 상선들이 각자의 화물을 가득 싣고 물결을 거슬러 올
라간다."

　아랍 상선이 언제나 중국에 이르렀으므로 어떤 아랍인은 중국의 주
요 해외무역 항구에 대하여 대단히 잘 알고 있었다. 예를 들어 아바스 왕
조의 칼리프 무타미드(Al Mu'tamid, 844~892) 시기 지발(Jibal, 이란 서부
도시)의 우편 담당 장관이었던 아랍인 이븐 코르다드베(Ibn Khordadbeh,
820~912)의 『도로와 왕국들의 서(書)(Kitāb al-Masālik wa-l-Mamālik)』에
의하면, '산프(Sanf) 즉 점파(占婆)에서 중국 제일 항구인 와킨(Al Wakin)까
지 해로나 육로로 모두 100 파르상(farsang)³⁶이다. 이 지역은 우수한 품질
의 중국 철, 자기(磁器)와 쌀이 있는 큰 항구이다. 이곳에서 'Khanfu'에 가
려면 만약 길로 가면 약 12일이 소요된다. 이곳에서는 과일, 채소, 사탕수
수가 난다'라고 했다. 이중 'Khanfu'가 바로 광부(廣府) 즉 광저우이다.

　아름다운 비단은 아랍의 선박을 따라 서아시아와 북아프리카로 들어
갔다. 바그다드에는 중국 상품만 전문으로 판매하는 "중국 시장"이 생겨났
고 비단은 아랍 상인이 친근하게 "칸사위야(khansawiyah)", 즉 '항주(杭州)
의 것'이라고 불렀다. 640년 이슬람교가 일어난 후, 신흥 아랍 제국은 사방
으로 확장하였다. 708년 이슬람교가 북아프리카에 전래되었다. 그 지역의

35　(역자주) 자니즈(Zanij) : 인도에 있었던 한 나라로 추정된다.
36　(역자주) 파르상(farsang) : 고대 페르시아의 거리 단위로, 지역마다 편차가 있지만 1파르
　　상은 대략 4.8km 혹은 5.6km에 해당한다.

대규모 인구가 이슬람교에 귀의했고 아랍어
를 모어로 받아들였다. 그중 에티오피아에서
온 무어(Moor)인은 가장 영향력 있는 집단
을 이루었다. 이슬람이 아프리카에 전파되는
과정에서 다양한 문화 집단이 그 안에 녹아
들었다. 711년 무어인이 이베리아반도(Iberia
Peninsula) 즉 오늘날의 스페인과 포르투갈을
침입하여 이슬람 국가를 세웠고, 거의 3세기
동안 번영을 이루었다. 경제적으로 부강한
무어인은 비단에 대한 애정이 더욱 컸다.

〈그림 2〉 모로코 자택 앞의 무어인

　〈그림 2〉의 검은 피부의 무어인은 고대 마우리(Mauri)인 혹은 마우레
타니아(Mauretania)인에서 기원한다. 그들은 문명의 영향을 받았고 매우 총
명하였으며 용모가 괜찮고 신체가 건장하였다. 무어인 부녀들은 일반적으
로 매우 아름다웠고 돈 있는 사람들은 아름다운 능라(綾羅) 비단을 입었으
나 그들의 생활을 결코 부러워할 만한 것은 아니었다.

3절 15세기 피렌체 상점의 비단 장식

로마제국 이래, 이탈리아는 동방과 서방의 중간역이 되었다. 이탈리아 북부 도시 루카(Lucca)는 로마시대 이래 유명 직물 산지였으며 이 비단 도시의 직공들은 동방의 괴수, 식물 문양 등 동양적인 신비한 색채를 띠는 소재를 이용하여 염직에 쓸 도안을 만들었다. 그들은 중국의 상서로운 동물인 기린, 봉황, 용 및 인도의 독각수 혹은 사자, 순록, 공작과 석류, 사리풀 잎을 삽입하여 이국적 정취를 내는 동방 도안으로 합성하는 것을 좋아했다. 특히 중국 황제와 황후를 상징하는 용봉, 현명한 군주를 상징하는 기린, 백수의 왕 사자, 붓다의 화신인 공작 및 세계 우호를 상징하는 독각수 등의 문양이었고 이것은 서방인들의 신비주의 정서를 더욱 부채질할 수 있었다. 예를 들어 석류는 동방에서 풍작을 상징하는데 이 상징의 의미를 차용하려고 사람들은 각종 꽃 모양을 조합하고 석류 모습을 합성하여 동방에 대한 동경을 표현했다. 어떤 작품은 석류 문양으로 방사상 구도를 표현하였고, 석류 문양 양변에 물에서 헤엄치는 백조를 그렸으며 범선 위에는 개와 새도 있다. 이것은 전형적인 루카 후기 직물군이며 동방의 정취로 가득하고 동방의 예술에 대한 동경과 흠모의 마음을 보여준다.

14세기, 루카는 중국의 비단을 모방하여 제작하기 시작했고 중국 소재를 서구화하여 유럽인들의 취향에 맞추었다. 루카의 직공들은 중국 주단(綢緞, 새틴)의 연꽃을 덩굴 문양으로 바꾸고 중국의 봉황, 꿩, 두루미를

매와 백조로, 혹은 기린·사슴·영양을 개와 표범으로 바꾸었다. 또한 중국
에서 유래한 소재를 확대·축소 혹은 변형하여 유럽 민족의 문화적 특징에
맞는 모양으로 재구성하였다.

　　고딕 시대에 사람들은 최후의 심판에 대하여 대단히 두려워하였고
종말론이 거셌다. 교회 종루의 첨탑은 푸른 하늘에 우뚝 솟아 있었으며, 거
대한 스테인드글라스 창은 굴절된 빛을 반영하여 사람들에게 불가사의한
신비와 함께 천국이 강림한 듯한 느낌을 주었다. 종루의 첨탑 형태뿐 아니
라 복장, 신발, 모자도 모두 첨탑형을 이루었으니 이는 천국에 대한 사람들
의 동경을 반영한 것이었다. "최후의 심판", "십자가를 짊어진 그리스도"
"성모 마리아" "그리스도 왕" "예수 탄생과 세 동방박사의 예배", "성령수
태" "마리아 앞의 주 예수" "마리아의 일생" 등과 같이 신앙을 일깨우고
교의를 선양하는 성서 소재를 모두 비단 혹은 자수 도안에 사용하였다.

　　15세기 후반 피렌체 방직업은 급속히 확장되어 16세기 중반에 이르
면 견직업은 이미 주요 산업이 되고 비단이나 금단(錦緞)의 생산량과 종
류는 다른 도시들을 크게 웃돌아, 명실상부한 비단 생산 중심지가 되었다.
피렌체 비단은 구도상 다수가 세로 파도 문양 혹은 온 땅에 가득한 꽃 모
양인데 그중 가장 특색 있는 것은 석류 무늬이다. 이러한 무늬의 주요 형
체는 석류 모양 같고 이 문양을 구성하는 꽃과 잎은 매우 복잡하며 구성이
알차고 조형이 정교하여 고급스럽고 복 있는 시각적 효과를 나타낸다.

　　석류 문양이 가장 특색 있는 유행 문양이 된 데 이어, "꽃병 무리"가
또 다른 대표성을 지닌 품종이 되었다. "꽃병 도안" 속의 꽃병 모양은 단순
간결하지만, 오히려 꽃병 위의 삽화는 더욱 복잡한 모습을 보인다. 동서 융
합의 흔적이 뚜렷하니 또한 동방 도안 양식의 영향을 받았다고 말할 수 있
다. 이러한 가장 특색 있는 석류 문양과 꽃병 무리 외에 피렌체는 또한 금

은사를 짜 넣은 브로케이드[錦緞]를 생산했다. 직조 방식은 하나같이 구도
가 조화롭고 종종 기사, 숙녀 혹은 인물 이야기를 소재로 한다. 인물 형상
은 치밀하고 우아하여 사람들이 유미적인 낭만주의 색채를 느끼게 한다.
당연히 이런 귀한 직조 방식은 엄격하게 보호되었고 당시 비단 길드는 기
술이 외부로 유출되는 것을 제한하는 여러 규칙을 반포하였다.

석류 형태 문양의 기원은 수천 년 전으로 거슬러 올라갈 수 있다. 초
기 이집트 미술의 가장 이른 연꽃 문양은 도식화된 야자 무늬로 변형되었
다. 중국에도 이렇게 조형된 문양이 나타났으며, 사실적인 보상화(寶相花)
문양으로 변화하였고 이후 다시 이슬람 미술을 도입하면서 비로소 이탈리

〈그림 3〉 석류문양 백조 벨벳, 피렌체, 리옹 미
술관 소장

〈그림 4〉 공작 거북이 껍데기 직금단(織錦緞), 피렌체,
리옹 직물 박물관 및 장식 미술관 소장.

아로 전파되었다. 고딕 시기에서 르네상스에 이르기까지가 이러한 석류 무
늬 도안이 가장 유행한 시기였다. 그러나 석류 모양 무늬는 비록 피렌체의
가장 분명한 특징이지만 모양이 석류를 닮은 것일 뿐 인도나 페르시아 등 동
방처럼 풍작의 의미가 있지는 않으며, 단순한 장식 취미의 도안 형상이다.

　18세기 제1차 산업혁명 이전 유럽에서 중국 비단은 계속해서 사치품
이었고 유럽에서는 대단히 높은 지위를 누렸다. 그곳의 방직업은 직조 기
술 면이나 장식 면에서 모두 중국 비단의 영향을 받았다. 이들 방직물품
중 "타타르인 비단"이라는 비단이 가장 환영받았다. 이 비단 중간에는 페
르시아 진주가 많이 박혀 있다. 장식 도안은 비록 중국의 봉황이나 금계
(錦雞), 기린이 아니지만, 도안의 배치에서 중국 비단의 영향을 크게 받았
음을 쉽게 알 수 있다. 단지 문양 자체는 전파 과정 중에 혹은 이탈리아에
도착한 후에 현지 수요에 맞추느라 그에 맞게 개조된 것뿐이다. 장식의 제
재는 종교와 신화 이야기 외에 기사와 숙녀, 각종 화초나 작은 동물 도안
이었으며, 기법은 사실적이다.

　르네상스 시기 피렌체에서 생산한 석류 모양 무늬의 비단 무늬는
1,000종을 상회하였다. 당시 창고 재고 목록에는 이러한 문양을 "빵나무"
혹은 "열매"라고 하였다. 19세기 이후에 들어서야 비로소 이름을 "석류
모양 무늬" 혹은 "아티초크(artichoke, 朝鮮薊) 무늬"라고 이름 붙였다. 세
로 줄무늬 혹은 타원형 이파리 모양의 구도에서, 좌우는 석류 모양 무늬
로 장식했다. 골드 벨벳도 붉은 루비색과 하늘색의 대형 석류 모양 무늬
를 짜 넣어 화려하고 부유함을 드러냈다. 도안의 순환치수[37]는 22인치(약

37　(역자주) 순환치수[循環尺寸] : 1970년대 이후 날염 업계에서 보편적으로 사용하고 있는
　　로터리 스크린 날염(rotary screen printing) 방식에서 사용하는 단위이다. 이 방식은 회전
　　원통(rotary roller)이 회전되면서 직물을 날염하는 방식이다. 표면에는 문양이 새겨진 원

〈그림 5〉 비룡과 봉황 문직 금단, 이탈리아. 리옹 직물
박물관 및 장식 미술관 소장

55.88cm)×40인치(약 101.6cm)에 이른다. 특히 귀족 가정 혹은 교회당 내
부를 장식하는 데 적합했다.

피렌체의 비단 외에 이탈리아의 베네치아(Venezia)와 제노바(Genova)
두 도시가 생산한 벨벳 또한 이탈리아 날염 및 방직 기술의 대표적인 종류이
다. 이 두 도시의 벨벳은 구분하여 "베네치아 양식"과 "제노바 양식"으로 나
뉜다. "베네치아 양식"은 구도가 균형 잡히고 제재는 독특한 화초 모양이 대
부분이며, 기법은 사실적이면서도 상상력도 가미하였고, 전체 장식 도안은
종종 고요하고 평화로운 격조를 갖추고 있다. "제노바 양식"은 유행 기간
이 더 길었다. 중요한 특징은 원재료인 벨벳의 화려한 색상이다. 이러한 색
의 벨벳의 구성 도안은 우아하고 다채로우며 윤곽이 매끄러워 주로 고급
의복이나 실내 장식에 쓰인다.

통 안에 염료를 넣은 후, 그 밑으로 직물을 통과시키면, 회전하는 원통이 표면의 문양에
따라 직물 위로 염료를 뿌리는 것이다. 이때 회전 원통이 1회 회전함으로써 직물에 날염
되는 도안의 크기를 순환치수라고 한다.

4절 근대 구미권의 비단 트렌드

18세기 초에 제작된 지도책 『아틀라스 마리티무스 에 코메르시알리스(Atlas maritimus et commercialis)』, 즉 『해상 및 상업 지도』에는 '인도와 중국은 자신들의 상품(직물)으로 전 세계를 입힐 수 있었다'라고 기록되어 있다. 이는 중국 비단과 인도의 면직물이 국제 통상에서 차지하는 지위를 충분히 설명해준다.

네덜란드 동인도회사(VOC)의 기록에 의하면 1736년, 서구인이 좋아하는 비단을 구입하려고 17인의 이사회가 정기적으로 타이판(taipan, 大班, 중국에서 사업을 하는 외국 기업인)과 중국 상인에게 견본을 보냈다. 이들 견본은 명칭이 표시되었을 뿐만 아니라 특징 설명도 있었으며 내용이 상세하고 책 형태로 제본되어 있었다. 그 외에도 관련 유럽 시장의 수요에 관한 정보를 제공하면서도 구체적인 주문 지시가 부가되어 있었다. 네덜란드 학자 크리스티안 외르크(Christiaan J.A. Jörg)는 만약 이 문서 자료에 관해 체계적인 전문 연구가 진행된다면 18세기 비단 유행 양식의 변천과 가격 변화를 규명하고, 유럽 사회사와 패션 역사의 내용을 풍부하게 할 수 있을 것이라고 보았다. 마찬가지로 이 당안들은 중국 비단과 18세기 유럽 복식의 관계를 설명하기도 한다.

동인도회사 상인의 주문에 중국 상인들은 모두 때 맞추어 완성했다. 그들이 판매한 비단은 품질은 물론 복식 면에서도 모두 국외 시장에서 큰 환영을 받았다. 1739년 영국 동인도회사 타이판은 "수관(秀官)[38]의 비단 제품은 대단히 좋다", "또한 그는 심혈을 기울여 유럽 양식에 맞추어 제작했다. 우리는 반드시 그들을 잘 보호하고 훼손되지 않도록 해야 한다"라고 했다. 이는 1730년대에 이미 중국 상인이 유럽의 유행 풍조에 맞추어 수출용 비단 생산을 조직화하기 시작했다는 것을 설명하고 있다.

19세기 초 서방으로 수출되는 중국 비단의 양은 현저히 증가하였고, 그 종류 역시 나날이 다양해졌다. 중서 비단 무역 초기에는 외국 상인들이 견본을 가지고 와서 주문을 했다면, 이 시기 중국 상인은 이미 모든 종류의 양식 샘플을 외국 상인들에게 전시하여, 그들이 마음대로 선택하게 하였다. 예를 들면 1815년 미국 세일럼(Salem)의 상인 피커링 도지(Pickering Dodge)는 처음으로 중국에 온 쉬레브(Benjamin Shreve)에게 비단 샘플을 제공했다. 비단 샘플은 바로 당시 광저우의 유명한 비단 행상인 의성(義盛, 영문명 Eshing) 이치상(李致祥)이 제작한 것이었다. 이들 비단 샘플의 장식 도안은 대부분 기하학적 도형이었다. 그중 각종 격자무늬 비단만 64종이나 되었다. 이들 비단은 일관된 편제 번호가 있었고 외국 상인들은 그림에 그려진 대로 좋은 상품을 고르고 나서 필요한 비단의 번호와 수량만 표기하면 시간에 맞추어 주문상품을 손에 넣을 수 있었다.

현재 서방에 보존된 청대 수출 견직물을 살펴보면, 농후한 유럽의 풍격을 체현한 것 외에도, 또한 서방의 예술 취향에 대한 중국 공장(工匠)들의 포착 능력과 탁월한 창조력을 생생하게 보여준다. 예를 들어, 대략 1800~1810년에 미국 상인이 사들인 중국 비단 침대 커버는 가느다

---

38 (역자주) 수관(秀官) : 광저우 십삼행 중 하나인 순태행(順泰行)의 주인 마좌량(馬佐良)의 별명이다.

란 꽃다발과 날리는 테두리로 장식되어 있어서 영국의 전형적인 하위 예술의 풍조를 갖추고 있다. 이렇게 곡선을 충분히 이용하여 움직임과 기복을 표현한 예술 기법은 유명한 영국 건축가 로버트 애덤(Robert Adam, 1728~1792)을 대표로 하는 신고전주의(Neoclassicism)가 장식 방면에서 보이는 현저한 특징으로, 1770년대에서 1780년대에 걸쳐 서방에서 유행하였다. 다른 일부 수출 비단은 장식 풍조상 중서 융합의 특색을 갖췄다. 예를 들면 1788년 미국 해군 전함 동맹호(USS Alliance)가 싣고 돌아온 중국 비단 중에 있었던 몇몇 소용돌이무늬 도안은 전형적인 서방의 풍격을 갖춘 것이었다. 그러나 이 타원형의 도안에는 또한 청대 여성의 형상과 중국의 화초도 있었고, 각 타원 사이에는 암사슴과 새로 장식되었다.

　　중국 수출 비단의 장식은 또한 구체적인 용도와 부합하는 특징을 보여준다. 1816년 미국 필라델피아의 사무엘 파월(Samuel Powel) 부인은 중국 비단을 전문적으로 구매하여 방을 장식했다. 그중 주방 가구 장식을 위해 의해 수입한 홍색 금단(錦緞)에 수놓은 도안은 중심에 화병 하나가 있고, 대칭 되는 목단 두 송이가 꽂혀 있으며, 화병 아래는 한 송이 연꽃이 있고 양옆은 가지와 잎으로 되어 있어, 도안이 거의 직물 전체를 덮고 있다. 분명 이러한 대형 도안이 그려진 비단은 의자 혹은 소파의 쿠션에 쓰는 데에 가장 적합하였을 것이다.

　　당연히, 수출 비단 중에는 전형적인 청대 장식 도안을 가진 상품도 있었다. 이는 서방의 일부 구매자가 중국 전통 고문화를 숭배하여 그러한 동양적 특색이 강한 견직품만을 주문하여 구매했기 때문이다. 예를 들어, 미국 상인이 1840년 구매한 비단은 폭이 102.2mm였고 청색이며 정교한 쌍룡 원형 도안이 짜 넣어져 있었다.

　　원료와 직조법 및 옷감의 특징으로 보면 수출 비단의 종류는 있을 것은 다 있었다. 기록에 의하면 1679년 영국 동인도회사가 구매한 비단은 1만 8,500필이었는데 거기에는 펠랑(pelang), 쇼(show), 페니아스코(peniasco), 사포(紗布, gauze), 벨벳(velvet) 등이 있었다.[39] 1728년 그들이 구매한 광저우 비단으로는 공단(satin), 호박단(taffeta), 고르고란(gorgoran)[40], 다마스크직(damask), 포이세(poisee)[41] 등이 있었다. 1754년 이전에 구매한 종류 외에도 호박단(taffaty), 줄무늬 있는 양단 소재 호박단(striped and brocaded taffaty), 포이세, 물결무늬 비단(goshee), 손수건(handkerchief) 등이 있었다. 네덜란드 동인도회사가 당시 늘 구매해 간 중국 비단으로는 페킹(peking), 그로그랭(grosgrain), 루트스트링(lutestring), 섀그린(shagreen), 그리제트(grisette), 랑파(lampas) 등이 있었다.[42] 스웨덴 동인도회사가 사간 비단은 호박단(taffeta), 사라(紗羅) 등이 있었다. 동인도회사가 수입한 각종 비단은 적합한 직물을 골라 최신 유행 복장이나 실내장식으로 사용하려는 것이었다. 18세기 말, 특히 19세기 초 서방의 패션은 빈번히 변하였는데, 중국의 비단 수출 종류의 증가는 바로 이러한 추세를 반영한 것이었다.

　미국 필라델피아박물관에는 19세기 초 중국 비단으로 만든 긴 치마가 보존되어 있다. 그중 굴색 비단으로 된 것이나 흰색 사주(紗綢)로 만든 것이 있고, 또한 자수 문양이 있는 비단으로 만든 것도 있다. 이러한 여성

39　(역자주) 펠랑은 평직이나 수자직으로 짠 중국 비단을, 페니아스코는 질긴 비단이나 거친 직물을 말한다. 쇼(show)라는 직물의 정체는 미상이다.

40　(역자주) 고르고란은 굵고 튼튼한 실로 짠 비단을 말한다.

41　(역자주) 파두아에서 생산된 윤기 나는 검은 비단과 같은 비단을 의미하는 것으로 보인다.

42　(역자주) 페킹은 베이징산 비단, 그로그랭은 골이 지도록 짠 두꺼운 인견이나 비단, 루트스트링은 광택이 나는 견직물, 섀그린은 말이나 낙타 가죽으로 만든 직물, 그리제트는 회색빛 저렴한 모직물, 랑파는 실내장식용으로 주로 사용하는 무늬 있는 명주를 말한다.

복장은 대단히 정교한 것으로 모두 귀족 여성의 소유였지만 어떤 것은 특별히 제작된 결혼 예복이다. 수놓은 드레스 한 벌은 웅장하고 화려하며, 직물의 문양은 크기가 서로 다른 꽃들로 되어 있다. 이 중 모란꽃은 모두 두 가닥 합사로 된, 농담이 다른 황색실로 수를 놓았다. 이 자수 문양은 원래 직물에 이미 있던 것이며 후에 수를 놓은 것이 아니다. 그 외에 서양 남자 기사 전용 양복 조끼도 중국 자수 비단을 잘라 제작한 것이 대부분이다. 현재 미국에 보존되어 있으며 1790년에서 1800년 사이에 만들어진 것으로 추정되는 정교한 양복 조끼 하나는 앞면의 옷감이 백색 자수 문양의 금단(錦緞)이고, 중국에서 수입한 것이다. 뒷면의 옷감과 안감은 모두 서방의 직물이며 서로 잘 어울린다. 이러한 옷들은 모두 중국 비단을 옷감으로 하였기에 더욱 광채가 난다.

청대에 서방에 수출한 견직물에는 커튼, 침대보, 의상 등의 완제품도 있었다. 그 시기 서양인들은 반투명한 원단으로 커튼을 만드는 것을 좋아했는데, 채색 비단은 바로 이런 특징이 있었다. 그러므로 그들은 종종 중국에서 대량의 비단 커튼을 수입했다. 예를 들면 1832년 미국의 하워드(Howard)호가 광저우에서 돌아가 경매에서 판매한 초록 비단 커튼은 156개였다. 규격은 (피트를 단위로 하여) 4×4, 6×4, 6.25×3, 6.5×3.5 크기의 것들이 있었는데, 유럽 대륙과 영국 및 미국의 가정 창문 규격에도 잘 맞았다. 또한 길이 30야드, 폭 4피트짜리 커튼용 비단도 있다. 이는 사용자가 창문 크기에 맞추어 자유롭게 잘라 쓸 수 있도록 하였다.

이외에도 일부 비단 기성복과 스카프는 중국에서 직접 수입해 온 것이었다. 기록에 의하면 중서 무역이 시작된 때부터 외국 상인들은 광저우에서 수트, 바지, 상의와 외투 등을 만들었는데, 매번 몇 벌에서부터 12벌까지 수량이 달랐다. 이는 광저우에서 주문 제작한 의복은 저렴했을 뿐 아니라 비단 직물 재질도 좋고 납품도 빨라서 이런 점이 모두 외국 상인들에게 의심할 바 없이 큰 매력을 발했기 때문이다.

9장

비단이 선도한
거대한 문화 흐름

광둥 비단은 그 풍부한 문화 함의로 인해 멀리 해외에 팔리는 동시에 화려하고 웅장한 문화의 흐름을 선도하였다. 거의 세계 각지에서 우리는 비단 문화의 흐름과 영향의 흔적을 볼 수 있다. 여기서 우리는 다만 몇 가지 중요한 부속 제품 형식인 월수(粤繡), 견화(絹畵), 부채 등을 가지고 간단히 소개할 것이다.

1절 해외에서의 월수 예술

월수는 충만한 구성, 또렷한 무늬, 화려한 색채, 다양한 자수법, 변화에 능한 예술적 특색으로 전 세계에 이름이 알려졌다. 그중 광수(廣繡) 기법으로 그린 그림인 광수화(廣繡畫)는 세밀한 자수, 풍부한 색으로 대중의 사랑을 받았다.

당대 광둥 자수가 중국 내에 이름을 알리기 시작했다고 한다면 송원 시기 월수는 마치 사절단처럼 바다를 건너 정교하고 세밀하며 웅장하고 깊이 있는 중국문화를 알렸다. 이 단계에서 광저우 항구의 번영은 월수 공예의 신속한 발전을 촉진하였다. 광둥의 자수 물품은 규방이나 황실 내정(內庭)을 벗어나 국내 시장과 해외 시장으로 진출하여 민간의 중요한 부업으로 발전하였고, 월수의 물품은 국외로 수출되었다.

명 정덕(正德) 9년(1514) 포르투갈인이 광수 예술인이 수를 놓은 용포의 소매 부분을 구매하여 포르투갈 왕에게 바쳤고, 포르투갈 왕은 크게 기뻐하며 후한 상을 내렸다. 광수는 이때부터 유럽에 친숙해지고 추숭을 받았다. 가정(嘉靖) 35년(1556) 광저우에 몇 주 머물던 포르투갈 선교사 가스파르 다 크루스(Gaspar da Cruz, 1520?~1570)는 귀국 후 저술한 "회고록"에서 말하기를 "광저우는 대단히 많은 수공업인이 모두 수출 무역을 위해 일한다. 수출 상품 또한 풍부하고 다채롭다. 색실이 이리저리 감돌아 있는 자수가 표면에 놓여 있는 신발은 … 모두 절묘한 예술품이다"라고 하였다. 만력 28년(1600) 영국 여왕 엘리자베스 1세는 광둥의 금은 자수실을 대단히 좋아했고 직접 영국 자수 동업 공회 설립을 제창하여, 중국에서 비단과 자수실을 수입했고 귀족 의복을 수놓아 가공하여 만들게 하였다.

영국 왕 찰스 1세(Charles I, 1600~1649, 재위 1625~1649)는 즉위 후 영국인이 뽕나무를 심고 누에를 기르고, 영국의 비단 산업과 기술을 발전시킬 것을 제창하여, 광수 예술을 잉글랜드, 스코틀랜드, 아일랜드에 전파했다. 서방 학자들은 "중국이 서방에 준 선물"이라고 칭하였다. 이외에도 중국 자수 예술은 유럽 각국 곳곳에서 볼 수 있었다. 이탈리아인들은 심지어 점포의 계산대에 자수를 깔아 손님들에게 아름다운 가게 환경과 가게의 자본력을 보여주었다. 프랑스에서는 가정주부들이 이미 소형 자수품을 제작하여 생계를 도모하거나 여가를 보내는 것에 익숙해졌다. 르네상스 시대에 사교를 좋아하는 유럽 남성들은 특히 고급 의상에 금 자수를 추가

〈그림 1〉 15세기 두 명의 이탈리아 피렌체 방적인이 자수 탁자보를 깐 계산대 위에서 거래하고 있다. 이런 계산대는 작업대라고 불렸는데 이탈리아어로 'banchi'라고 했다. '은행'을 뜻하는 단어 'bank'는 여기에서 비롯되었다.

〈그림 2〉 15세기 프랑스 여성이 집에서 소형 자수품을 제작하고 있다.

〈그림 3〉 16세기 초 금사로 자수한 화려한 긴 상의를 입은 유럽 남성

하여, 귀족 기백을 보이는 것이 유행이었다.

청대 이후 광저우 무역은 번영하여 월수는 해외에서 더욱 풍미하였기에 세계 각지에 거의 모든 곳에서 그 흔적을 볼 수 있다. 17세기 말 18세기 초 월수는 이미 일종의 새로운 풍조를 일으켰다. 유럽에서는 화분을 의복 위에 수 놓는다 해도 후작 부인들은 이를 일종의 기품 있는 장식으로 여겼다. 부유한 집안의 생활에서 복장이나 두건에도 자수가 빠지지 않았을 뿐 아니라, 장막이나 침대보 등 집안 생활용품에서도 곳곳에 아름다운 자수 문양을 볼 수 있었다. 프랑스 왕궁 안에는 자수 장식으로 의자 쿠션에서 리본까지 세밀하게 장식했을 뿐 아니라 공주들이 유행을 선도하여 국내에 상당한 전업 자수 집단이 생겼다. 영국인들은 재단을 마친 복식을

광저우 자수 점포로 가져가 자수를 놓게 하는 것이 유행이었다. 어떤 귀족은 이름을 자수로 새겼으며, 이후에는 성모와 예수의 초상, 혹은 국왕과 대신의 초상마저 자수로 제작하는 수준까지 발전하였다. 19세기 초 영국 예술가 부셸(Stephen Wootton Bushell, 1844~1908)은 『중국 미술(Chinese Art)』에서 "중국인은 자수에 능한데 광둥인은 이 기술이 더욱 뛰어나다. … 광둥의 자수가 유럽에 많이 수입되었다"라고 묘사하였다.

프랑스 리옹(Lyon) 직물 박물관 및 장식 미술관(Musée des Tissus et Musée des Arts Décortifs)이 소장한 이 태피스트리(벽걸이 융단)는 길이가 318cm이고 넓이가 76.5cm이며, 마름모형 도안이 가지런히 배열되어 있고, 내부에는 같은 디자인의 화환식 메달 도안이 상감되어 있다. 메달 도안에는

〈그림 4〉 프랑스 나폴레옹 시기 베르사유 궁 침전의 태피스트리 (부분)

〈그림 5〉 18세기 프랑스 디자이너 필립 드 라사유(Philippe de Lasalle)가 창작한 예카테리나 2세 초상화 "여왕의 빛"

다섯 송이의 붉은 꽃다발이 짜여 있고, 연두색 가지와 잎이 달려 있으며 외부에는 하트 모양과 비슷한 문양이 한 줄 짜여 있다. 이러한 스타일의 태피스트리가 당시 궁정이나 저택에서 대단히 유행했다고 한다.

〈그림 5〉 역시 프랑스 리옹 직물 박물관에 소장된 물품이다. 18세기 프랑스 저명한 비단 디자이너 필립 드 라사유(Philippe de Lasalle, 1723~1804)의 작품으로, 러시아 황제 예카테리나 2세(Ekaterina Ⅱ)를 그린 채색 비단 초상화이다. 그 장식은 색채가 풍부하고 화려하며 꽃의 자태는 우아하고 묘사가 정교하다. 광수 기법이 어우러진 광단(廣緞) 예술의 흔적이 풍부한, 로코코 예술 양식의 고전 작품이다.

〈그림 6〉은 '예수와 성모' 흑백 채색 자수 초상은 낙관에 "중화민국도금생사직창감제(中華民國都錦生絲織廠監制)"라고 쓰여 있고 오른쪽 아래 구석에는 "N. G. Lo"라는 영문 약자가 쓰여 있어서, Lo 성의 외국 상인이 주문하여 제작된 것이 분명하며 액자 틀도 유럽풍의 원목 틀이다.

아메리카에서는 백인과 인디언을 포함한 그곳의 사람들이 일찍부터 자수를 배웠고 또한 그 지역의 풍토와 사물을 자수 도안에 넣었다. 1784년 중국에 무역을 하러 온 차이니즈 퀸호는 광저우에서 한 번에 대량의 월수 물품을 구매하였는데, 자수 의복 외에도 600켤레의 여성용 비단 자수 장갑이 있었다. 곧 미국은 자수 공예를 본토에 도입하였고 "귀부인 학교"의 필수 과정 중 하나로 정했다. 1915년 미국이 개최한 파나마 박람회에서 월수 중 인

〈그림 6〉 유럽 상인들이 만든 〈예수와 성모〉 흑백 채색 초상화

디윈(尹笛雲)의 자수 병풍, 헝싱위안장(恒興源莊)의 자수 병풍과 자수 옷 감이 명예의 대상을, 요우룬시우장(友綸繡莊)의 자수가 금메달을, 푸위엔 시우장(福元繡莊)의 자수 그림이 은메달을 받아 아메리카에서 일대 파란 을 일으켰다.

아시아 각지에서는 월수의 영향이 더욱 광범위하여, 자수 기술이 의 복, 허리띠, 손가방, 슬리퍼, 그리고 매우 섬세한 진주 장식 공예에 보편적 으로 응용되었다. 가장 전형적인 것은 단연 자수로 만든 인도네시아 전통 의상 끄바야(Kebaya)이다. 끄바야는 넉넉한 긴소매 상의에 정교한 레이스 공법과 더불어 사롱(sarong)[43]과 섬세한 비즈 장식이 어우러져 고급스럽 고 우아한 느낌을 준다. '바주 끄바야(Baju Kebaya)'도 말레이(Malay) 여성 의 주요 예복 중 하나이다. 바주 끄바야와 '바주 꾸룽(Baju Kurung)'의 차 이는 상의의 목 칼라가 브이(V)자 형태이며, 앞섶이 개방되어 있고 가슴은 통상 세 개의 브로치로 장식하고 고정하며, 옷의 양 모서리는 각각 아래로 비스듬한 사선을 그리며 내려가 거꾸로 된 브이자를 그리고 있어 브이자 인 목 칼라와 대비된다. 상의는 레이스와 자수 공예로 장식하는 경우가 많 으며, 그 길이에 따라 긴 끄바야와 짧은 끄바야로 나뉜다. 말레이인들이 대 부분 긴 스타일을 입는 데 반해 짧은 끄바야는 '현지 특수 민족집단인 뇨 냐(Nyonya, 娘惹)가 즐겨 입는 뇨냐 의상'으로 1950년대 가장 유행하였다. 1920년에서 1930년 사이에 말레이인들이 받아들였다.

중화인민공화국 수립 후, 월수의 수출은 광동화남토특산공사(廣東華 南土特産公司)가 관할했다. 자수 가게[繡莊]는 개인 기업에 속하고 물량이 적어서 광동비단공사[廣東絲綢公司]를 통해 외화로 결제한다. 1956년 이후

---

43 (역자주) 통자형 직물.

월수 물품은 광둥성비단공사[廣東
省絲綢公司]가 구매하고 경영했다.
통계에 의하면 1953년에서 1999년
까지 48년간 광둥 비단 복제품(자
수품 포함) 수매 금액은 런민비(人
民幣, RMB)로 6억 3,578만 위안이며
평균 매년 수매액은 1,362만 위안이

〈그림 7〉 근대 광저우의 월수 수출 부두

라고 한다. 특히 개혁개방 이후 월수 물품 수매는 더욱 빠르게 증가하였다.

　　2012년 7월 25일 오전, "새로운 광저우·새로운 사업 기회 – 중국 광
저우-이탈리아 투자 무역 합작 교류회"가 이탈리아의 경제 중심지인 밀라
노(Milano)에서 성대히 거행되었다. 교류회에서 '무지개치마 광수'라는 이
름의 광수 패션쇼의 막이 올랐다. 광저우 시관 출신 모델들이 본토의 디자
이너가 디자인한 광수 기법으로 만든 최신 의상을 입고 '세계 패션과 예술
의 도시' 밀라노(Milano)에서 광수의 풍격을 선보이는 한편 영남 문화의 독
특한 매력을 부각해, 전체 내빈의 탄성과 찬사를 받았다. 8월 8일에는 화남
농업대학예술학원(華南農業大學藝術學院)의 진훼이(金憓) 부원장이 광저우
리완구(荔灣區) 금륜회관에서 '무지개치마 광수, 밀라노의 영예를 안고 돌
아오다'라는 귀환 패션 공연을 연출하고 밀라노 패션쇼 작품을 재연하여
그 풍격을 재차 선보였다.

2절 영남 견화의 해외 전파

견화(絹畵)는 중국 전통 회화의 일종으로, 우수한 품질의 사견(絲絹) 혹은 금(錦)을 매개로 천연 그림 원료를 사용하여 화가의 뛰어난 구상을 거치고, 전통 회화 기법을 적용하며 마지막엔 정성껏 표구하여 완성하는 예술품이다. 비단을 회화에 사용하는 것에는 고유의 물질적 문화적 조건이 있다. 소재 면에서 비단은 세 가지 우수한 특징이 있다. 첫째, 종류가 풍부하다. 한(漢) 허신(許愼, 30~124)의 『설문해자(說文解字)』 중 '사부(糸部)'에 수록된 글자 수는 약 266자이다. 이 중 확실히 직물을 뜻하는 30여 자에는 오래전부터 전해진 명품인 기(綺), 증(繒), 제(綈), 절(絶), 적(績), 견(絹), 소(素) 등이 포함되어 있다. 그중에는 표면이 평평한 것이 있고, 촉감이 단단한 것이 있고, 한 가닥 실로 짠 것이 있고, 두 가닥 실로 짠 것도 있고, 평직으로 짠 것이 있고, 능직으로 짠 것도 있다. 유형이 많고, 종류도 다양하여 화가들이 마음대로 고를 수 있다. 둘째, 품질이 우수하다. 비단은 동물성 단백질 섬유를 원료로 하여 얇고 질기며 결이 고르고 섬세하다. 오래되어도 쉽게 찢어지지 않고 구김이 잘 가지 않으며 잘 접히지 않고, 물이 스며들거나 새지 않는다. 그 부드럽고 아름다우며 우아한 품질의 매력은 다른 소재들과 비교할 수 없다. 셋째, 성능이 탁월하다. 탁월한 성능은 다음과 같은 면에서 구현된다.

(1) 광택도 - 누에실 단면은 삼각형이고, 투명한 세리신(sericin)으로 덮인 피브로인 (fibroin) 섬유로 층상 구조를 보이기에, 누에실은 진주 같은 광택을 띠며 밝고 부드럽고 균일하며 층차도 풍부하다.

(2) 흡습성 - 누에실은 다공(多孔) 친수(親水)적인 특성이 있어 흡습성이 비교적 강하다. 이 특성은 비단 표면에 염료와 물감이 스며들거나 흐르게 한다. 이 특성을 이용하여, 비단 소재에 여러 번 착색하면 층이 풍부한 색감 효과를 낼 수 있으며, 여러 가지 색이 번지는 과정에서 뒤섞이고 충돌하면서 생기는 혼색이 색채를 조정하는 역할을 잘 수행한다. 이에 따라 전체 화폭을 조화롭게 할 수 있다. 동시에, 색상의 흐름에 의해 생성된 화면은 미묘하고 생동감 있으며, 비단의 광택과 어우러져 찬란하고 생동감 있는 효과를 낸다.

(3) 발색성 - 『묵자(墨子)』「소염(所染)」에는 "묵자가 실이 물드는 것을 보고 탄식하여 말하였다. 파랑에 물들이면 파랗게 되고 노랑에 물들이면 노랗게 된다. 넣는 것이 변하면 그 색도 변한다. 다섯 가지를 넣으면 다섯 가지 색깔이 된다(子墨子見染絲者而歎曰, 染於蒼則蒼, 染於黃則黃, 所入者變, 其色亦變, 五入必而已, 則爲五色矣)"라고 하였다. 『회남자(淮南子)』「제속(齊俗)」에는 "무릇 누에고치에서 갓 뽑아낸 명주실은 흰색인데, 개울 바닥 흙으로 염색하면 검어진다. 베틀로 짠 비단은 원래 황색인데, 단사(丹砂)로 염색하게 되면 붉게 물든다(夫素之質白, 染之以涅則黑, 縑之性黃, 染之以丹則赤)"라고 하였다. 이는 모두 비단의 발색이 빠르고 풍부하며, 색의 나타남이 정확하고 순정하다는 것을 보여준다. 특히 순견 직물은 착색 후 발색이 선명하고 색의 범위가 넓다. 예를 들어 순견에는 회색 문양이 풍부하게 표현되지만 면(棉)이나 마(麻)로 된 직물에서는 효과가 떨어질 수 있다.

명청 시기에는 중국과 서양의 무역이 발달하고 유럽에 '중국 열풍'이 일어나면서 중국의 풍속과 민정을 대거 반영하여 대외 판매를 목적으로 한 그림들이 등장하였다. 화가들은 이를 '양화(洋畵)'라 하였고, 유럽인들은 이를 '중국 그림'이라 불렀다. 후에 '외국 판매 그림(外銷畵)'이라 속칭하였다. '외국 판매 그림'은 수채화나 유리화 등이 주된 형식이었지만 견화나 자수를 결합한 그림도 있었다. 광저우에서는 견화나 자수화 외에, 당시 광둥 풍속과 민정에 관한 내용의 구아슈(gouache)⁴⁴로 그린 화책에서도 표지는 비단과 자수로 만들었다. 비교적 유행한 캔버스에 그린 유화나 통초지(通草紙)⁴⁵에 그린 구아슈화(畵) 등은 비단으로 표구하는 경우가 많았다. 월해관(粵海關)의 세칙(稅則) 규정에 따르면, 강희 23년(1684)부터 도광 23년(1833) 사이 영국, 프랑스, 포르투갈, 일본 등에 판매된 유화는 '큰 것은 비단 표구(綢絹裱畵) 10축에 견주고 작은 것은 비단 표구 5축에 견주어, 축마다 (징수 세금이) 6전'이었다고 전한다. 광저우가 개항하고 무역이 시작되기 전에 광둥 연안과 유럽 무역의 중요한 항구였던 마카오에서는 이 시기 '외국 판매 그림'을 대량으로 수출하였다. 재질 면에서 말하면 '자수 그림'이 그중에서도 중요한 종류였다. 내용은 주로 마카오의 풍토나 사람 사는 모습, 또는 포르투갈인과 가톨릭 교우들의 초상화에 관한 것이었다.

〈그림 8〉은 청대 숙녀 모습을 그린 견화로 해외에서 거두어 가져온 소장품이다. 화면 속 여성은 왼손에 부채를 쥐고 오른손에 책을 들었으며, 단아하고 현숙한 모습에, 옛 대갓집 규수의 영민하고 온화한 모습이 숨김없이 드러나 있다. 이 예술적 묘사는 서방 사회에서 '중국 열풍'이 한창 유행하였을 때 중국 민간 규중의 삶에 대한 신비로운 상상과 동경을 품은 서

---

44 (역자주) 구아슈(gouache, 水紛畵) : 아라비아고무를 섞어 만든 불투명한 수채물감, 혹은 그것으로 그린 그림을 말한다.

45 (역자주) 통초지(通草紙) : 으름나무(通草 혹은 通脫木)로 만든 종이로 고대 광저우의 화가들이 자주 사용하였다. 통초지에 그린 그림을 '통초화(通草畵)'라고 한다.

양인들의 마음을 충족시켰다.

견화와 자수가 대량으로 수출되는 것과
동시에, 견화 예술도 해외 여러 나라에 영향
을 미쳤다. 그중에서도 베트남은 중국의 영향
을 크게 받았다. 1960년대 베트남 인민민주공
화국이 베이징에서 전시한 회화에는 팜반돈
(Phạm Văn Đôn, 范文敦)의 '가족의 기쁨', 마
이롱(Mai Long, 梅隆)의 '다이족(傣族) 먀오족
(苗族) 자치구의 인민생활', 쩐반깜(Trần Văn

〈그림 8〉 청대 숙녀 견화

Cẩm, 陳文錦)의 '농민식자반(農民識字班)'과 '엄마에게 신문을 읽어줘' 등
일련의 견화가 전시됐다. 그림 가운데 일부는 연화(年畵, 설날에 실내에 붙
이는 그림)의 형식을 취하였고, 어떤 것들은 풍부하고 화려한 장식 수단으
로 채용하였다. 그림들은 중국 견화가 강조하는 동양인 특유의 여유롭고
우아한 인물 형상의 특징을 반영하였으며, 또한 베트남 전통의 민족 정취
를 융합하였다.

근대 이후 베트남은 유럽 유화 예술의 영향을 받았지만 여전히 적지
않은 수의 화가가 중국에 와서 공부했다. 예를 들면 베트남 조형예술가협
회 회장을 지낸 쩐카인추엉(Trần Khánh Chương, 陳慶章), 베트남 미술이론
가 응우옌타이하인(Nguyễn Thái Hanh, 阮太亨) 등이 1960년대 중국에서 유
학하였다. 또한 많은 화교 화가도 중화민족 문화에 깊은 관심을 두어 쭈어
한민(Trương Hán Minh, 張漢鳴)이나 리칵주(Lý Khắc Du, 李克柔) 등은 스스
로를 '영남의 계승자(嶺南傳人)'로 칭하였다. 이들의 화풍은 기본적으로 광
둥 영남화파(嶺南畵派)의 풍격을 계승하여 발전시킨 것이었다. 이들의 노
력과 영향으로 지금도 베트남에서는 견화가 유행하며, 특히 수도 하노이

〈그림 9〉 카스틸리오네와 당대(唐岱) 등이 함께 그림 견화 〈세조도(歲朝圖)〉

나 남부 최대 도시 호찌민에서는 견화 작품을 자주 볼 수 있다.

프랑스에서는 박물관마다 중국 비단 그림이 적지 않게 소장돼 있을 뿐 아니라 민간에서도 여전히 비단 그림 제작이 유행하고 있다. 견직업계 정보에 의하면, 현대에 이르러서도 이러한 견화 제작이 더욱 성행하고 있다. 1986년 『섬서잠업(陝西蠶業)』 4호에 실린 글 「견화유행(絹畫流行)」은 '비단에 무늬를 찍는 것과 같은 수법으로 단기간에 견화를 만들 수 있고 생산비도 저렴하여 현재 프랑스 여성들이 가장 관심을 두는 품목 중 하나가 됐다'라고 보도했다.

유럽 화가 중에는 일찍 중국에 건너온 선교사 예술가들이 좀 더 일찍 중국 비단화의 영향을 받았다. 카스틸리오네(Giuseppe Castiglione, 중문명 낭세녕(郎世寧), 1688~1766)의 견화는 청조 당안(檔案)에 보존된 자료에서 볼 수 있다. 이를 통해 당시에 이미 견화 창작이 흔하였던 것을 알 수 있다. 낭세녕과 견화에 관한 당안 기사는 다음과 같다.

- 옹정 3년(1725) 9월 16일, 난초 견화 한 장을 그림

- 옹정 7년(1729) 윤7월 24일, 원명원(圓明園) 구주청연전(九洲清宴殿)과 자금성(紫禁城) 건청궁(乾清宮) 동난각(東暖閣)의 항조(炕罩)[46] 입구, 낙지명조(落地明罩)[47] 횡

---

46 (역자주) 항조(炕罩) : 중국 전통 침대인 '항(炕)'의 덮개를 말한다.
47 (역자주) 낙지명조(落地明罩) : 청대 건축에서 실내를 가르는 칸막이 문인 '격선문(隔扇

비(橫批, 가로폭 서화) 상부의 (북쪽의) '연화(蓮花)' 견화와 남쪽의 '옥당부귀(玉堂富貴)' 견화 각 한장을 그림

- 옹정 7년 8월 24일, 원명원 서봉수색(西峰秀色) 함운재(含韻齋)의 종죽(棕竹)으로 만들고 등받이를 옻칠한 책꽂이 두 개의 상층에 산수 견화 두 폭을 그림[48]
- 옹정 7년 11월 4일, 연말연시 견화 세 장을 그림
- 옹정 10년(1732) 12월 28일, 선악승화(仙萼承華) 견화 한장을 그림
- 건륭 원년(1736) 12월 5일, 연화(年畵) 견화 한장을 그림
- 건륭 3년(1738) 12월, 당대(唐岱, 1673~1752)와 함께 '세조도(歲朝圖)' 한장을 그림

門)'의 한 형식을 말한다. 격선문은 하부인 '군판(裙板)'과 상부인 '격심(格心)'으로 분리되어 있는데, 이 중 하부인 '군판' 없이 상부인 '격심' 부분만 있는 양식을 '낙지명조'라고 하였다.

48 (역자주) 내무부(內務府) 조판처(造辦處) 당안에서 확인되는 화가 오장(吳璋)의 활동에 관한 기사 중 낭세녕의 기사이다. "윤7월, 원명원 내첩을 받고 낭중 해망(海望)이 성지를 받들었다. '서봉수색 함운재 전내 설치된 종려죽으로 만들고 등받이를 옻칠한 책꽂이 2개 위에, 낭세녕이 산수를 그리고 중층에는 대림(戴臨)이 核桃라는 두 글자를 쓰고 하층에는 오장이 화훼를 그리도록 하라.' 이를 삼가 받듭니다(閏七月, 據圓明園來帖, 郎中海望奉旨, 西峰秀色含韻齋殿內陳設的棕竹邊漆背書格二架上, 著郎世寧畫山水, 中層著戴臨寫核桃大字, 下層著吳璋畫花卉. 欽此.)"라는 내용이다. (https://www.huajia.cc/n/201407/1707501794.htm)

3절 해외에서 발하는 비단 부채와 자수 병풍의 매력

중국의 부채 문화도 유구한 역사가 있다. 중국과 서양의 무역이 발달한 명청 시기에 이르러, 수출용 부채는 중국 부채 제품 가운데 눈부신 발전을 이룬 한 분야가 되었다. 부채는 실용적이면서도 고급스러운 예술적 특색을 지닌 상품으로 국제시장에서 인기가 대단히 높다. 특히 18세기 말부터 19세기 초까지 최소 수십만 개의 부채가 유럽과 아메리카로 팔려나갔다. 로버트 B. 포브스(Robert Bennet Forbes, 1804~1889)의 '1825~1830년 광둥 상점'[49] 기사에 따르면, 1822년 광저우 십삼행 일대에는 5,000여 개의 수출 전문 점포가 있었고, 약 25만 명의 장인이 수출 공예품 생산과 제작에 종사했다고 한다. 고품질의 수출 부채는 보통 단향목(檀香木), 상아, 대모(玳瑁), 진주패모(珍珠貝母, 진주를 품은 조개껍데기) 등을 부챗살로 하고, 비단, 자수, 회화 등을 부채면으로 하였다. 특히 자수 예술을 접목한 수채화와 구아슈화는 예술적 가치와 공예적 가치가 높았다. 오늘날 유럽과 아메리카의 주요 박물관이나 학술기관, 개인 수집가들이 소장한 부채의 양은 중국 내에 있는 것보다 훨씬 많다. 미국 피바디 에식스 박물관(the Peabody Essex

---

49 (역자주) 현재 미국 하버드대학교(Harvard University) 비즈니스스쿨(Harvard Business School) 베이커 도서관 특별 컬렉션(Baker Library Special Collections)에 소장된 포브스 문서집 'Series E. Robert Bennet Forbes papers, 1825~1883' 중 'Invoice book, 1825~1830'을 말한다.(https://hollisarchives.lib.harvard.edu/)

〈그림 10〉 흑색 옻칠 금손잡이에 털　〈그림 11〉 상아 조각 비단 면 자수 화조 부채
실로 수놓고 채색한 팔각 부채

Museum) 등은 청대 제작된 수출용 부채를 상당량 소장하고 있다.

　　광둥박물관이 소장한 〈그림 10〉의 팔각형 부채는 해외에서 회수하여 돌아온 소장품이다. 길이는 41.8cm, 폭은 25.2cm이다. 융으로 수놓은 채색화가 있는 팔각 부채면, 그리고 옻칠과 금박을 입힌 목재 테두리와 손잡이로 구성되었다. 부채면은 자수와 회화가 결합되어 있다. 부채 양면에는 주요 주제로서 『홍루몽(紅樓夢)』에 등장하는 인물 이야기 그림을 그려 넣었고, 채색 털실로 산과 돌, 화초, 나무 등을 수놓아 입체적인 질감을 살렸다. 부채 전체는 자수, 회화, 옻칠 등의 기예가 한데 모여 있으며, 화법이 섬세하고 구도가 충만하며, 층층이 뚜렷하고 색채가 밝고 아름다워 수출 부채의 아름다운 색채, 화려한 무늬, 다양한 재질이라는 예술적 특징을 뚜렷이 보여준다.

　　〈그림 11〉은 광저우시미술관(廣州市美術館)에 소장된 접신(摺扇) 혹은 절선(折扇)이다. 상아 조각과 비단 및 자수 두 가지 공법이 절묘하게 결합되어 있다. 비단 바탕은 광택이 선명하고 그림 속 새는 살아 있는 것 같

으며, 상아 투각은 정교하고 섬세하다. 그러므로 접선은 매우 진귀하고 해외로도 꾸준히 팔려나갔다.

병풍도 청대의 수출 예술품의 일종이다. 부채와 마찬가지로 조각, 자수, 회화, 시사(詩詞) 등 다양한 예술적 표현 형식을 종합하였으므로 광둥에서 수출되는 비단 재질의 병심(屛心, 병풍에서 글이나 글씨가 적힌 부분)으로 된 병풍도 해외 각국에서 인기를 끌었다. 병풍은 원래 중국 대청에서 흔히 볼 수 있는 장식품이다. 광둥에서는 월수의 화려한 예술 풍격이 결합되면서 눈부신 발전을 이뤘다. 이 때문에 근대 이후 각국의 귀족 부호나 고아한 문인의 방에도 종종 등장했다.

〈그림 12〉는 청대에 수출된 광둥 자수 병풍의 도안이다. 병풍 그림은 흑단을 바탕으로 하고 광수로 수놓은 화조 도안을 택하였다. 네 개가 한 조인데 이는 그중 한 폭이다.

사람들의 이목을 한층 더 끈 것은 중국 중앙텔레비전방송국(中國中

〈그림 12〉 흑색 비단의 넓은 화조 자수 네 폭 병풍 도안   〈그림 13〉 브라질 우호 인사 다닐로 산토스의 집 안에 놓인 자수 병풍 예술품

央電視臺, CCTV)에서 방영한 중국인민대외우호협회(中國人民對外友好協會) 창건 60주년 특별 프로그램(2014)인데 브라질의 대표적 우호 인사인 다닐로 산토스(Danilo Santos)의 저택에서 뜻밖에 중국 견화와 자수 병풍 등 물건을 볼 수 있었다. 이는 이러한 중국 전통문화와 예술이 해외에서 수천 년 동안 끼쳐온 깊은 영향과 끊임없이 이어져온 '중국 열풍'의 눈부신 자취를 반영하고 있다.

劉永連, 謝汝校, 『古錦今絲: 廣東絲綢業的前世今生』, 廣東經濟出版社, 2015
Original Chinese edition published by Guangdong Economy Publishing Company
Korean translation rights ©2022 Dongguk University's Academy of Cultural Studies, The Institute of
Humanities Korea Plus arranged with Guangdong Economy Publishing Company

동국대학교 문화학술원 번역총서 05

광둥 견직업의 어제와 오늘

초판 인쇄 | 2022년 12월 20일

초판 발행 | 2022년 12월 30일

지 은 이 리우용리엔(劉永連)
옮 긴 이 김병모·김장구·김현선·남민구·임경준·최소영
기   획 동국대학교 문화학술원 HK+사업단
발 행 인 한정희
발 행 처 경인문화사
편   집 이다빈 김지선 유지혜 한주연 김윤진
마 케 팅 전병관 하재일 유인순
출 판 번 호 406-1973-000003호
주   소 경기도 파주시 회동길 445-1 경인빌딩 B동 4층
전   화 031-955-9300 팩 스 031-955-9310
홈 페 이 지 www.kyunginp.co.kr
이 메 일 kyungin@kyunginp.co.kr

ISBN 978-89-499-6679-3 93910
값 17,500원